谨以此书献给生我养我的父亲和母亲。

一意孤行

李杨自述

一意孤行者必定是一个提前出发的人

李 杨/著

重庆出版集团 重庆出版社

图书在版编目（CIP）数据

一意孤行：李杨自述/李杨著. —重庆：
重庆出版社，2018.2
ISBN 978-7-229-12585-1

Ⅰ.①一… Ⅱ.①李… Ⅲ.①李杨—自传
Ⅳ.①K825.78

中国版本图书馆CIP数据核字（2017）第202023号

一意孤行：李杨自述
YIYIGUXING：LIYANG ZISHU
李 杨 著

策 划 人：刘太亨
责任编辑：刘 喆　肖化化
责任校对：刘小燕
封面设计：朱 砂

重庆出版集团 出版
重庆出版社

重庆市南岸区南滨路162号1幢　邮编：400061　http://www.cqph.com
重庆长虹印务有限公司印刷
重庆出版集团图书发行有限公司发行
全国新华书店经销

开本：787mm×1092mm　1/16　印张：15.25　字数：165千
2018年2月第1版　2018年2月第1次印刷
ISBN 978-7-229-12585-1
定价：58.00元

如有印装质量问题，请向本集团图书发行有限公司调换：023-61520678

版权所有，侵权必究

"赤子"李杨，心眼不盲

□ 杨锦麟

(著名媒体人，锦绣麒麟传媒创始人)

与李杨只有数面之缘，前些时候在微信上，李杨提出要我为他的第一部自述写序，我的确有些惊讶，其实我们并不熟，但我很爽快地应允了下来。

在此之前，只知道他是电影《盲井》《盲山》《盲·道》的导演，对他了解不多。正式和他见面畅谈，是去年的"两会"期间，我们在北京饭店，喝着茶，聊着天，彼此找到了很多话题和理念的契合点。那天李杨穿了一件皮衣，远远走来，貌似陈纳德将军的"飞虎队"飞行员，帅极了，印象深刻。

真正了解李杨，还是读了这部书稿之后。我知道他的身世，知道李杨一家在"文革"期间的遭遇，知道他虽然只完整地读过小学一年级，但是通过自己的努力最终考上了大学。后来他告别了体制，义无反顾地前往德国留学。在拿到硕士学位后毅然回国，一切归零之后再出发。他从纪录片入手，最终实现了故事片电影导演的抱负，完成了《盲井》《盲山》《盲·道》系列电影。他的不懈努力，终于获得了回报，成为电影界享誉海内外的著名导演之一。

很多人只是知道他的"三盲"，但李杨在艺术生涯中涉猎甚广。

他当过话剧演员，拍过实验电影，拍过纪录片，继而成为电影导演，致力于"盲系列"电影拍摄的同时，他写剧本，拍公益广告片，参加各种各样涉及纪录片、电影的评选活动……

在为数不多的几次见面中，李杨总和我提起他母亲，提起了卧床多年的母亲对他的影响。他在这部书稿中，满怀深情地写到了母亲的坚忍、坚韧、坚强，写到了母亲对他以及两位弟弟的言传身教。感觉得到他是个孝顺的孩子，心地善良；家庭在苦难年代里的遭遇，对李杨至今快意恩仇、嫉恶如仇的性格，必然有其直接或间接的熏陶。

李杨与我弟弟同年，"文革"对于他而言，能留下的记忆，是父亲受到迫害和父亲被迫害致死。这些经历都是我们这一代人的精神创伤，也是我们这一代人终生挥之不去的阴影。我们力图忘掉它，却很难，即便是选择性的记忆或选择性的遗忘，都无法忘却这一段亿万人见证和参与的共和国历史沧桑。

从这一点来看，我们都是共和国藤上的苦瓜，一代苦瓜能换取改革开放年代的到来，代价昂贵，但也值得。我们的蹉跎岁月，青春年华不再，但这一段"前无古人，后无来者"的经历，也让我们任何时候都不敢怠惰，不敢偷懒，不敢投机取巧，不屑曲意迎合，不屑奉承权贵，即便一身清贫，也无意俯首帖耳，永远试图站立着，"视大人而藐之"。我从李杨的电影和纪录片、从他人生历程可以看出，他的那根傲骨还在，他还在努力，还在坚持。我从他身上也看到了自己，看到了很多和我们相似的人的身影。

二十世纪五十年代生人，都怀揣着程度不同的情怀和使命感，无论现实多么残酷无情，情怀和使命感都在。我们无法准确描绘出我们这一代人的情怀和使命是什么，但我们知道，要让我们这一代中的多数人苟且偷生，醉生梦死，或漠然无觉，置身世外，是很难做到的。

李杨的"三盲"体现的就是这样一种坚持不懈，一种择善固执。从《盲井》到《盲·道》，漫长的十二年，并不是李杨的创作能力衰减了，而是另有原因。面对另一种择善固执的体制，要有足够的韧劲、足够的耐性、足够的体能和足够的信心。李杨可以选择放弃，但他没有；李杨可以选择妥协，但他没有；李杨可以选择对抗，但他没有。在今天这样一个充满不确定性的时代，当烈士是轻而易举的，当勇士是必须的。这种勇士，不仅需要韧的战斗，也需要充沛的精力，要有一种跟你对视，但绝不第一个眨眼的智慧。

给这本书作序，提笔时，我想起了"赤子之心，于今为烈"这一句古话。共和国有很多像李杨这样的赤子，心地善良、做人纯粹、意志坚定，认准了方向，矢志不渝地往前走，千辛万苦，不撞南墙不回头。这一点，李杨做到了，他应该还可以做得更好。

我相信，我应该有机会和李杨在影视领域里合作一把，给这本书作序，或许可以说是"投名状"，希望是合作的第一步。

赤子李杨，心眼不盲。

自　序

　　2015年5月我制作完成了我的第三部长片《盲·道》。这部电影可以视为"盲系列三部曲"的第三部，它距离我的第一部长片《盲井》相隔已经十二年之久。十二年，这个数字对于中国人来说就是一个周期、一个轮回、一个节点。对我而言，用十二年的时间完成"盲系列三部曲"可以说是巧合，也可以说是冥冥之中命运使然。不管怎样我都觉得自己完成了一个使命，完成了对自己的一个承诺。我为此感到释然。但命运之神并没有那么直截了当地眷顾我，让我可以顺利的开香槟举杯欢庆。我没有想到《盲·道》审查周期竟如此漫长。在审查、修改、等待的期间，我心烦意乱，十分焦虑，有时甚至感到绝望，怀疑自己当初选择拍电影为终身职业是否正确，是否有意义。如此的等待给了我大把时间，却又因为焦虑几乎干不了任何其他的事情。我是一个不愿意浪费时间的人。浪费时间对我而言就等于在浪费生命。我想，我一定要做点儿什么来打发时间和排解烦恼，否则我就有可能疯掉崩溃掉。于是就拿起笔开始梳理自己的电影生涯。回首往事，我的内心一下子变得平静了。那一幕幕生活片断像电影画面一样浮现在我的脑海里。说真的，当初我并没有打算写什么自述，只是想利用回忆来填充一块块的时间，同时也把自己追求电影梦想的过程记录下来，以防自己的记忆力衰退，以防往事真成云烟。在好朋友刘太亨（著名诗人和出版人）、万静波（《南方人物周刊》前执行主编）和刘珏欣（著名记者）的大力鼓励和支持下，我才大胆地用笨拙的笔触写了自己人生中的第一本书《一意孤行：李杨自述》。

莎士比亚在《哈姆雷特》中写过非常著名的一句台词："是，或者不是，这是一个问题。"的确，我们一生中不都是在面临这样的问题和选择吗？做事情，还是不做？遇到困难时选择放弃，还是砥砺前行？写这本书的过程让我有机会重新审视自己走过的路，回看自己曾经的过失、摔过的跟头。人生的确非常奇妙，许多看似不经意的偶然，其实都决定了一个人的生命轨迹和命运的必然。我的电影之路如此，这本自述《一意孤行：李杨自述》的定稿也是如此。

十二年是人生一个周期的终结，也是一个新周期的开始。这本书是我人生一个阶段的总结和回忆，希望它能让大家了解制作独立电影的种种困难，以及一个固执倔强的青年追求电影梦想的经历和他的酸甜苦辣喜怒哀乐，同时也希望这本书能给读者带来阅读的喜悦。

2015年5月

朋友的说道————

在我们的银幕上，生活的真相是难以定位的缺席者。有了《盲井》这部勇气非凡的影片，那些触目惊心的生活与生命的真相方能存之于世，不必忘却，成为让我们铭刻于心、无法抹去的记忆与思考。《盲井》是一部雕刻时光的意义深远的电影，能拍出这部电影的导演写的书一定值得一看。

——芦苇（著名电影编剧）

* * *

我做为李杨电影观众的时间，比做为大学同学的时间长得太多太多，也因此，对他的了解更多来自电影。看过这本书，发现对他的认识大多靠谱。这本书，他曾想起名《随意而为》，其实我私下不太认可，因为李杨的价值与一定会有的痛苦，都恰恰来自他的不随意。当下的中国电影，人民币比人民重，钱途比前途更清晰。这其中的李杨或许真是个"一意孤行"者。但他不会独行，路还长，时代终究不会走向盲道。可能一意孤行者，只是提前出发的人吧。

——白岩松（著名节目主持人、记者）

* * *

李杨似乎是为电影而生的人。

他于2003年编导的《盲井》，显示出他对苦难的敏感与同情，用电影语言揭示人性罪恶的良心与才华。这部电影为中国观众的审美习惯"导盲"，也自此开启了李杨为之奋斗十二年之久的"盲系列"。

《一意孤行：李杨自述》这部书，记述了李杨从童年时期萌发的对电影的热爱与痴迷，追寻并实现这一梦想的艰难步履。我们从中读到了激情与勤奋，诚实与执着。这是一个人的电影史、一群人的追梦史，也是中国新时期电影史的一个缩影。

——张抗抗（著名作家）

* * *

  李杨是我认识的非常执着的电影导演，十几年时间只拍了三部故事片。这三部与赚钱无关，都是关注社会弱势群体和底层百姓生活的电影。他的新书记录了他"一意孤行"的脚印和一个独立制片电影导演的酸甜苦辣。李杨的文字一如他的电影，平铺直叙，不哗众取宠，真实，不装，不矫情，直舒情怀，都是干货。李杨是一个纯粹得不到黄河心不死的犟人，坚守着他的情怀和电影人对社会的那份责任。

——冯小刚（著名电影导演、编剧、演员）

* * *

  认识李杨很久了，他是一个非常热爱电影的人，热爱得甚至有些偏执。1997年李杨在德国学习电影，我去参加柏林电影节，是他陪着我们到处逛，一路不停地讲述着他的电影梦想……后来，李杨选择了一条注定崎岖不平的道路。这些年，我看着他如何苦苦追求自己的梦想，又如何一步一步地艰难前行……他能取得今天的成就十分不易，对此我特别欣慰和高兴。李杨的新书《一意孤行：李杨自述》不是玩票、不是玩跨界，而是真实地记录了他多年来苦行僧般行走的足迹和感悟，同时也记录了一个中国第六代电影导演所经历的艰辛创作和制作过程。他的书一如他的电影，没有华丽的辞藻，都是实实在在的干货。好看！李杨自称"江湖剑客"，一个人持剑行走江湖需要强大的内心和过硬的武功。一部电影就是一段征程，前方的路还很长很远，有激流险滩、有崇山峻岭，他仍然在顽强地朝着自己的目标走着。每个人的路只能独自走完，李杨，人生的旅途中你并不孤单。

——黄建新（著名电影导演、编剧、制片人）

* * *

李杨导演的《盲井》《盲山》震撼中外。他如何从一个电影学院的学生，演变成一把插中社会阴暗面的利刃，过程和原因一定精彩绝伦。这本自述会是带我们更深层地了解我们自己和我们的年代的一个切口，也许还会启发对未来的看法。

——徐克（著名香港电影导演、编剧、监制）

* * *

1985年李杨与我一同考入北京广播学院（现中国传媒大学）电视系导演专业，从此我俩结缘。

李杨是一个典型的帅小伙，双眼皮大波浪头，我到现在也没整明白他头发到底烫过还是自来卷。总之小伙帅呆了、酷毙了，简直无法比拟了，我自愧不如。他的绰号："广院十大感觉之一"。

李杨专业课扎实，有才有料，体育成绩更让我惊讶。平时没见过他体育锻炼，但在新生运动会上，4×100米接力赛上导演班获得冠军，他最后一棒速度之快，12秒以内。

我和李杨分在一个寝室。有一次，我们俩去蹭理工科图书馆座位复习，理工科学生仰仗人多势众要赶我们走。在争执推搡之时，李杨大喊一声：来，我们两人打你们十个！平时温文尔雅之人，战时如此暴烈，让我惊讶！

大学两年，突然有一天李杨给我说准备退学，我以为他是开玩笑，没想到是来真的。1987年他自广播学院退学后，赴德国西柏林自由大学攻读艺术史。其后，在慕尼黑大学专修戏剧影视理论。1992—1995年，在科隆完成导演硕士学业。

在学习期间，他为德国电视台拍摄了三部纪录片，后面也拍了不少好片子。但最让观众熟知的还是他在2003年完成电影处女作《盲井》。这又一次让我惊讶。

该片获第53届柏林国际电影节最佳艺术贡献银熊奖，第5届法国杜维尔亚洲电影节最佳影片、最佳导演、最佳男演员、最佳影评人、最受观众欢迎五项大奖，第2届美国纽约崔贝卡电影节最佳故事片奖，2003年荷兰海岸电影节最佳影片和文学大奖等等，各项大奖拿到手软。在法国《电影》杂志评出的2003年全球十佳影片中,《盲井》排名第二,但一直没有获得内地公映的机会。时隔4年,完成"盲系列"的第二部《盲山》,并首次在中国内地正式公映。

说起电影《盲井》,他不仅让李杨名声鹊起,更让王宝强这个当时在电影制片厂门口趴活儿的、数以千计的草根群众演员一一炮打响,成名成角。很多观众朋友可能以为冯小刚的《天下无贼》才是王宝强的电影处女作和成名作,事实上《盲井》才是。

当时选王宝强出演主角的时候还有一段插曲:李杨让副导演从群众演员中挑选一个质朴、接地气的农村娃来演一个主角。副导演推荐了一批人过来面试,李杨谁都没看上,我估计他也没细看。又让重新推荐一批过来。其实王宝强在第一批中已经去过了,第二次副导演又让王宝强过去。而这一次,李杨终于慧眼识珠选上了宝强。宝强后来也给我说,李杨导演才是他真正的伯乐,是他真正进入演艺圈的领路人。

得知老同学、老哥们儿李杨"盲系列"电影第三部《盲·道》即将上映,新书也快付梓上市了,衷心祝愿叫好又叫座,也期待未来他能给我和广大的观众朋友们更多的惊讶!

当年,李杨出国前一天晚上,抽了我一盒都宝香烟,说第二天再买一盒还我,至今未还,也让我惊讶。

——毕福剑(著名主持人、制片人)

* * *

《盲井》是李杨导演的电影处女作,也是我演艺生涯中获得的第一个角色。可以说没有李杨导演就没有《盲井》,更没有王宝强。这部电影能呈现在观众面前,可以说是我们用生命赌注换来的。整个拍摄经历了太多不为人知的艰辛,感谢李杨导演当时的坚守,才有了《盲井》这部好看的电影。

——王宝强(著名演员)

目 录

"赤子"李杨，心眼不盲 / 1

自序 / 5

朋友的说道 / 7

梦想的种子 / 1

梦想的种子开始发芽 / 5

内心的纠结 / 13

考上北京广播学院 / 17

第一次拍片 / 27

在德国苦寻 / 30

拍摄《妇女王国》 / 41

《欢乐的绝唱》和《痕》的拍摄 / 55

回国的纠结 / 66

我给黄导做助手 / 71

终于回国了 / 77

买下《神木》改编权 / 80

在煤矿的种种经历 / 83

逃过一劫 / 95

着手建立剧组 / 102

漫漫拍摄路 / 118

井下拍摄的艰辛 / 138

转场 / 146

王宝强与妓女小红 / 156

杀青了 / 161

后期制作的烦恼 / 178

柏林国际电影节的邀请 / 191

无钱的广告与媒体公关人 / 193

获奖了 / 204

几多欢喜几多愁 / 214

拿了美国国际电影节最佳故事片大奖 / 217

我1959年生于陕西西安，1978年成为国家话剧院一名演员，1985年考入北京广播学院（今中国传媒大学）导演系，1987年退学远赴德国求学。1995年在德国科隆影视传媒学院获得硕士学位。我对电影的追求，最初源于家庭的影响，我父母所给我的，除了爱，更多的是教育我做人做事要坚守、真诚和付出。

我父亲李诗镕。1957年，他响应国家号召，支援大西北。从中国青年艺术剧院（中国国家话剧院的前身）调入陕西省人民艺术剧院。他是陕西省著名的电影和话剧演员。他主演的电影《延安游击队》给我种下了电影的种子。可以说我父亲影响了我的一生。

我母亲杨小玫（原名叫杨曼丽）是大家闺秀，有满族血统。因为我姥爷早亡，家道败落。不得已，我母亲13岁就进入剧社演戏，赚钱养家。她唱歌、跳舞、演话剧样样都行，在哈尔滨小有名气。

李杨自述

梦想的种子

每个人都会做梦，每个人都有自己的梦想。我很早就有了自己的梦想，而且这一梦想多年来一直魂牵梦萦。西安南郊大雁塔下不远处的西安电影制片厂，就是我梦想开始的地方。

1961年的一天（已经不记得那一天是在夏天还是在秋天），一个中年男子抱着一个两岁大小的男孩，坐在西安电影制片厂的样片放映室（每个片子做完了之后，电影制片厂都要看样片）。小男孩目不转睛地盯着银幕。银幕上出现了这样一个场景：一个游击队长为了掩护战友，被"国军"抓住。"国军"逼他交出其他同志，交出藏匿的粮食。他拒不交代。"国军"军官要枪毙他。这紧张的一幕让小男孩的心揪到了一起。突然，他大喊着"爸爸，爸爸"，不顾一切地冲向银幕。中年男子赶紧追上去抱起小男孩，十分尴尬地走出放映室。小男孩一路上不停地哭喊。他害怕，他恐惧，他怕失去自己的父亲，他要去救自己的父亲。然而他的父亲正抱着他，哄着他。我就是那个小男孩——那个将电影与现实混为一谈的小男孩，我父亲就是银幕上扮演游击队长的那个演员，叫李诗镕。这是我父亲在1961年主演的电影《延安游击队》。童年发生的许多事情我都忘记了，但这一幕却在我的脑海里反复地出现，以致我很长一段时间都无法分清那个场景到底是现实还是虚构。

那个小男孩冲向银幕救父亲的一幕，后来成了他父母同事的笑料。现在回想，我为什么会对电影如此一往情深，对电影的追求如此孜孜不倦，应该就是那个时候电影之梦已经种进我的心田，我的血液里不知不觉地融入了电影的DNA。我想，这就是我和电影的缘分，这就是我的宿命，冥冥之中可能早就已经安排好了。

我两岁时肯定没有这辈子一定要做电影的想法。我最早的梦想并不是当电影导演，那时候根本没有那个概念。从懂事开始，我就梦想着要做的一件事情，是做演员。我出生在一个艺术家庭，父母亲都是陕西省人民艺术剧院非常优秀的演员。我父亲原来是中国青年艺术剧院（现在的中国国家话剧院）的演员，他很有才华，民国时期毕业于四川大学法律系。他不仅仅表演出色，而且还写剧本。"文化大革命"前他主演过许多部话剧，并且主演了两部电影，一部叫《碧空银花》，一部是《延安游击队》。同时，他也创作了不少话剧剧本。我母亲的演艺资历则更老，她十三岁入行，在哈尔滨塞北风剧社当演员。她当时并不知道这是一个由地下党领导的剧团，她一边演戏一边懵懵懂懂地被组织派出去送情报。抗日战争胜利后，他们剧团归四野的一支部队管理。他们跟着部队一路南征，用唱歌跳舞活报剧等形式鼓舞部队的士气。1957年，陕西省话剧团（陕西人民艺术剧院的前身）需要大量的艺术骨干，我的父母亲响应国家支援大西北的号召分别从北京和东北调入剧团。当时的陕西省话剧团挂了两块牌子，它同时也是西安电影制片厂演员剧团。我父亲负责了"西影厂"第一批演员训练班的招生和教学工作。著名的电影导演吴天明就是那时候考进去的。后来西安电影制片厂演员剧团从陕西省话剧团分离出去了。我是从小在舞台边长大的。爸爸妈妈在舞台上排练，我则安安静静地

李杨自述

  1959年，我出生在一个艺术家庭。父亲和母亲都是非常优秀的演员。我的名字就是父母的姓氏。

  坐在舞台下，看着他们同叔叔阿姨们排戏，我经常看着看着就在台下的椅子上睡着了。我经常和院子里的小朋友一起玩过家家，模仿大人们在舞台上排练话剧，开心得不得了。我们分别扮演不同的角色，也常常为了争演好人吵得不可开交。后来，我发现，导演才是电影的灵魂，所有的演员都受他的支配调度。于是，虽有当演员的愿望，但更多的是对导演的崇拜。这就是我的童年生活。非常感谢我的父母给予我的艺术熏陶，是他们让我很早就接触到了戏剧和电影艺术，接触到这个神奇的魔力非凡的艺术。

一意孤行

我母亲（右）演话剧《清宫秘史》的剧照。

梦想的种子开始发芽

1978年，"文革"寿终正寝，国家百废待兴。各种类型的剧团都需要年轻的演员。当我听到中国青年艺术剧院要来西安招生的消息时，兴奋异常。跑回家告诉母亲，我要参加考试，要当演员。没有想到她当头给我泼了一盆凉水，坚决反对。她让我好好复习，准备考大学。尽管母亲不同意，我仍然偷偷地进行应考的准备。后来母亲见我态度坚决，一意孤行，也就听之任之不管我了。经过努力，我终于考上了中国青年艺术剧院，圆了自己的演员梦。这个剧院也是我父亲当年工作过的地方。当时还有一些艺术院校的表演系在招生，我也参加了考试，我的专业考试成绩都很好，完全有机会上大学。虽然我十分渴望上大学，但是最终还是放弃了。因为我父亲"文革"期间遭遇了非人的迫害，被关进"牛棚"强迫劳动，停发工资，批斗挨打是家常便饭，甚至有病也不许去医院医治。1972年，父亲被迫害致死。我母亲一个人要抚养我们弟兄三人，家庭经济非常拮据。我是老大，两个弟弟还很小，我必须力所能及地为家庭承担责任，替母亲分担一些经济压力。为此我放弃了上大学的机会。虽然有一些遗憾，但是当时能考上国家级的剧院

（上）我父亲的电影《延安游击队》给我种下了电影的种子，可以说我父亲影响了我的一生。

（中）命运有时候是神奇的，不可思议的。我父亲曾经在话剧《智取威虎山》中饰演杨子荣。我怎么也想不到，几十年后自己为徐克导演创作了《智取威虎山》的电影剧本。冥冥之中我和父亲进行了一次穿越时空的艺术对话。

（下）帅气的父亲在电影《碧空银花》中饰演男一号于少峰。

当演员，对于我来说是非常幸运和最最理想的了。因为这样我既可以挣钱养家，又可以实现自己的梦想，干自己喜欢的事。

母亲送我上火车时泪流满面地叮嘱我要好好照顾自己。当火车快要开动的时候她突然叹了一口气说：唉，看来真是应验你的话了。我问：应验了我的什么话？原来在我小的时候，有一次父母问我将来的理想是什么，我当时连磕巴都不打就脱口而出：当演员。我父亲不同意，他说打死都不能让我当演员。我就赌气说道，那就等你死了以后我再当演员。这件事情我早已经忘记得一干二净，可是我的母亲却记得十分清楚，耿耿于怀。这时候我才明白作为演员的母亲始终反对我当演员。这件事情让我难受了好一阵子，久久无法释怀。很长一段时间我都觉得父亲的死跟我的咒语有关。火车开动了，我流着眼泪挥手和母亲以及弟弟们告别。就这样，背负着对父母的愧疚和怀揣着梦想，我从西安一路向东来到祖国的心脏——北京。

20世纪70年代末至80年代初是中国思想界文化界最为宽松和最为活跃的时期之一。"文革"刚刚结束，百废待兴，每个人都在拼命把在"文革"当中失去的东西和时间补回来。长期的闭关锁国政策和知识无用论的主导思想使得我们中国人的见识相当闭塞和狭窄，知识非常匮乏，心灵十分饥渴，当时北京文化界最流行的就是看外国电影参考片，人们希望通过外国电影来了解外面的世界。虽然外国电影不允许在国内公开发行，但是各个部委机关、单位八仙过海，打着"你让我们批判资本主义的思想和制度，那你就必须让我们首先了解资本主义的思想和制度，以及资产阶级的生活方式到底是怎样的"旗号来获得放映权，用当时冠冕堂皇的说法就是"观摩参考，以供批判"。那时看外国参考片是很时髦的事，能看到一部片子并不容易。精神饥渴的人们如过江之鲫，各显神通，用尽手段，为的就是搞到一张外国参考片的电影票，堂而皇之地走进电影院。当时北京最火的电影院有两个地方，一个是电影资料馆，一个是地质礼堂。那里经常放映好多好多的外国参考电影。当时我热衷穿行于各个部委的电影院，想尽一切办法去认识里面的人，花钱请他们吃饭，跟他们交朋友，给他们送话剧票，这一切努力仅仅是为了一张外国参考片的电影票。文化部也组织了各种各样的"观摩学习"国际电影周，有美国电影周、德国电影周、日本电影周、英国电影周、法国电影周等等，我也想尽办法以谋得一票之权。我的努力，使我饕餮了许多精神大餐。

　　那时，我只是国家话剧院的一名演员，根本就不了解外国，也接触不到外国人。像北京饭店这样的高档饭店叫涉外饭店，只能外国人进，没有护照是不能进去的。现在的人可能完全不能想象当时的情景，可是当时的确就是这样子规定的。我想起小时候学过的一篇课文。讲的是1949年之前，上海公园的大门口立着一块牌子，上面写着：华人与狗不得入内。我想，都解放这么多年了，中国人不是都已经站起来了吗，为什么很多地方仍然是外国人可以进入中国人不得入内？这说明我们国

　　　　1978年，我如愿以偿地考入中国青年艺术剧院当演员，从此踏上了艺术之路。这里也是我父亲曾经工作过的地方。

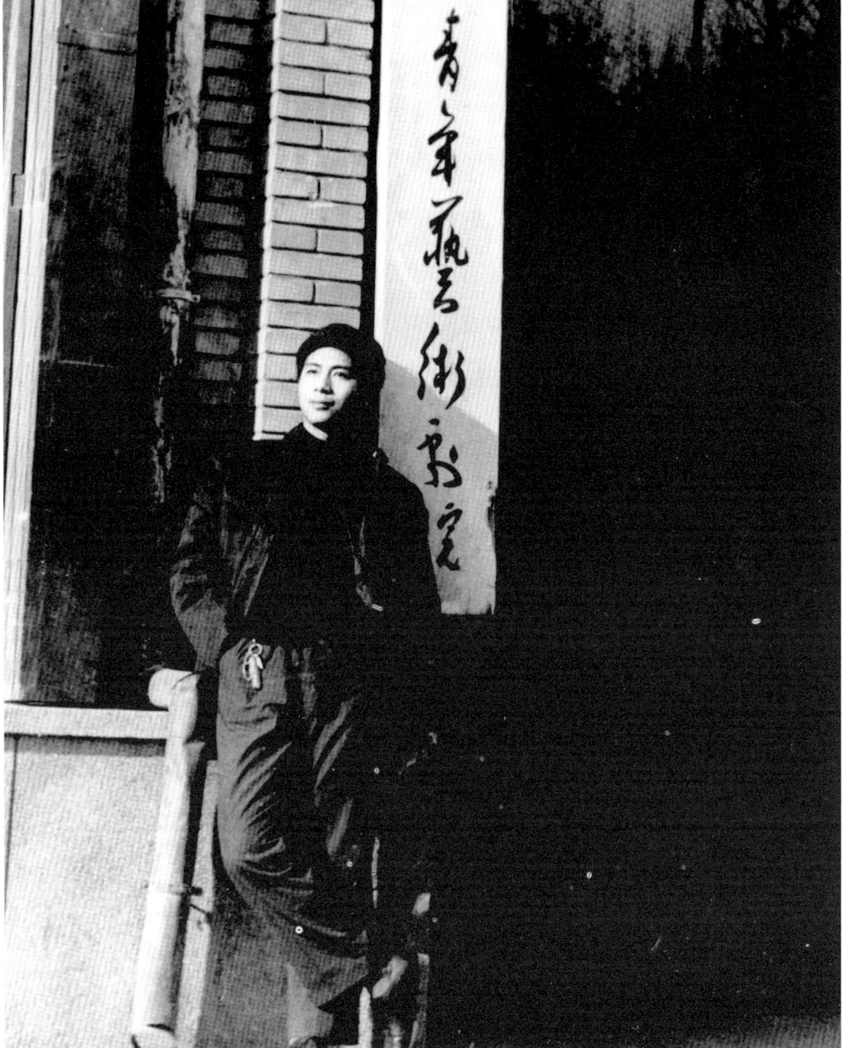
中國青年藝術劇院

家当时的社会地位多么低下。因为我们国家很多年一直闭关锁国，中国人根本没有机会去了解外国和外国人，不知道外国的真实情况。那时候，尽管有这样那样的限制，但是，在改革开放初期，人们都非常强烈地想了解外国，而当时唯一的途径，只能是通过电影去了解外面的世界，了解我们国境线以外的国家，看看那些人是怎么生活的。那些外国电影对我的冲击非常强烈，也给我留下了很深刻的印象。它带给我的不仅仅是艺术上的享受，更重要的是，它让我看到了外面真实的世界。通过电影，我认识了外面不同的国家、不同的人、不同的种族和不同的文化。以前我们不知道外国是什么样子的，外国人是怎么生活的。现在，仅仅凭借我所见的电影，我一下子知道了外国到底是什么样子，外国人在怎样地生活。原来外国人民并不是像我们以前被灌输的那样生活在水深火热中，挣扎着痛苦地过着饥寒交迫的生活，在迫切地等待着我们去解放他们。虽然我通过电影只是看到了一个侧面，但还是可以了解到他们的生活状态、他们的社会、他们在生活中面对的各种问题和矛盾。最最重要的是我通过电影直观地了解到他们的完全不同于我们的"资本主义价值体系和文化"是什么样子。我是学表演的，我有非常强烈的愿望想要去了解

李杨自述

1985年，经过三年的努力，我终于考上了北京广播学院（现在的中国传媒大学）电视系导演专业，开始进行系统的影视导演课程学习。

一意孤行

20世纪70年代末，"文革"刚刚结束，百废待兴。在那个思想解放的年代，我也赶了一回时髦，烫了一生中唯一的一次头发。

外国的艺术、外国的戏剧和电影。我想通过电影看看他们怎么表演，通过看他们的表演知道我们自己有什么不足，跟他们比有什么差距。这些外国电影使我认识到，中国电影和外国电影之间的距离可不是一星半点儿。

我在中国青年艺术剧院当演员期间，除了演话剧，也参加了一些电影和电视剧的演出。在拍摄电影和电视剧的过程中，我产生了很大的疑惑。导演对演员的表演要求矫揉造作，缺乏真实和美感；对电影语言的运用十分落后。而做演员的则十分被动，没有任何话语权，导演说什么就是什么，不能有任何质疑。我们的表演，就是高喊着"啊，长城！""啊，海燕！"的那种夸张的表演，跟外国的演员和国际大明星相比，是多么虚假多么夸张。看了外国电影，看了那些世界大明星的表演，觉得他们的表演简直太棒了，令人耳目一新。我们的电影，远不及外国电影那么真实、自然而生动。我能感觉到我们的创作方法是存在问题的，但是不明白为什么，我强烈地希望可以搞清楚。直到1982年，我才有了明确的想法，就是下决心学电影，最终当电影导演，我当时年轻气盛也颇有野心，想要拍出起码能和外国电影比肩的好作品。很多年前埋藏在我心底的那粒电影梦的种子绽开了，我开始追梦——我的电影梦。

内心的纠结

我所在的剧院论资排辈的情况十分严重，这也并非个别现象，全国所有的艺术剧院和艺术团体那时都这样。年轻演员根本没有机会演主角。老演员都四十多岁了，还在舞台上扮演二十多岁的角色，谁也不肯让位。我们这些二十几岁的青年演员，只能跑跑龙套，演一些小角色。电影、电视剧却不那样，因为在镜头前面你多大岁数就是多大岁数，这个假不了。只要你适合这个角色，导演就会用你。

一意孤行

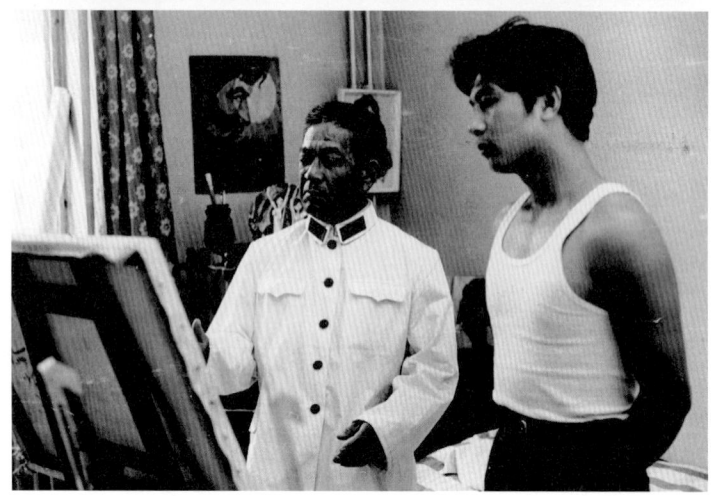

（上）与著名演员葛存壮老师（右）一起主演央视20集电视剧《张海迪的故事》

（下）主演电影《365个星期天》 八一电影制片厂著名演员高宝成（左）

那时，时常有剧组到我们剧院来挑演员。电影、电视剧为我打开了另外的一扇门，我希望通过参加电影、电视剧的拍摄换一种方式生活。他们选中了我做主角或者主要角色，但是单位不同意，他们不放人。理由很简单，我们剧院在排演话剧，好花也要绿叶配，舞台不能只有主角。单位的领导希望我们青年演员能坚守话剧岗位，在舞台上甘当绿叶。他们的决定，断送了我若干次出演电影和电视剧的机会。在当时，如果我要想摆脱被人安排的命运，最好的途径就是通过考大学离开剧院。我给单位写了报告，想报考电影学院或戏剧学院的导演系，但是剧院的领导也不同意。他们害怕我的选择会在剧院引起连续反应，会搅动其他年轻人不安心剧院本职工作的神经。可是没有单位领导的同意，我就拿不到报考大学的介绍信，没有介绍信我就不能报考大学。那时在中国，一个单位的领导就可以决定员工的命运和前途。（其实，中国青年艺术剧院的不少领导，都是我父亲的老同事、老上级，我平时都称呼他们叔叔阿姨。但是，我没有为自己的事情求过他们，这也是我的个性使然。）也许我这人天生有反骨，他们越是压制我，我就越是要反抗。我当时发誓，一定要考上大学，一定要考进自己喜欢的电影导演专业。既然我的主意已定，不管他们同意不同意，我就是要考大学，我就是要去学习电影和导演艺术。这是我的权利。"学到肚子里的知识、读到脑子里的书是任何人都抢不走的"，这是我父亲从小教育我的话。他鼓励我多学习多读书。他总是对我说，书到用时方恨少，艺多不压身。我深深地知道自己比别人的学问少。但是这并不可怕，可怕的是怨天尤人，自暴自弃，向命运和生活的压力低头。我知道，只要我努力去追赶，一步一个脚印，早晚有一天我可以迎头赶上。

从1982年开始，我每天晚上都去夜校补习文化课，拼命地读书，以弥补自己知识上的不足。那时候，我去得最多的地方就是王府井的新华书店，它离我工作的单位很近，走路十分钟都用不了。我几乎每天吃完午饭，都要到王府井书店转一转，看看有什么新书，尤其是有没有翻译过来的外国电影和戏剧方面的图书。买书是我当时最大的消费。虽然我的工资并不算低，但是我还有两个弟弟在上学，我每个月都要给家里寄钱。除了生活费用，我每月剩下的钱并不多。即使如此，当年出版的所有关于电影和戏剧的图书我几乎全都买了。因为我经常光顾，新华书店的售货员几乎都认识我。当他们知道我是国家话剧院的演员后，就任我翻阅任何图书，好些世界名著和中国的文学著作我都是在书店里蹭读的。作为回报，我不时送给他们几张戏票。

尽管我想做一个导演，其实内心还是挺纠结的。因为那实在是一个太过遥远的梦想，就好像梦想着自己能登上月球一样。一个电影导演，按照正规工作流程，须从场记、导演助理，一步一步地做到副导演，再摸爬滚打十几二十年，做到执行导演，最后才有可能成为电影导演。这还需要特别好的运气，能一步不落地往前走；而在全国，真正能拍上电影的导演却屈指可数。那时的电影厂拍电影是国家每年配有指标的，一年能分到两到三部电影指标就算大厂了。西安电影制片厂一年才分配两到三部，北影可能稍微多一点，也不过五六部。电影圈论资排辈的情况非常严重。许多老导演都捞不到拍电影的机会，哪能轮到年轻人。老一代的电影艺术家谢铁犁、陈怀凯、谢晋等，因为地位高和名气大，几乎所有的中国电影都是他们在导。"文革"后的第四代导演，像滕文骥、黄健中、杨延晋等人，也是多年的媳妇熬成婆，好不容易才当上导演，刚刚开始有机会拍电影。而我，只不过是个籍籍无名的话剧演员，想做导演，岂非痴人说梦。朋友们都认为我的想法太不现实，我也常常觉得自己是毫无底气地在编织自己的导演梦。

1982年，电影学院在"文革"后招收的第一批学生毕业了。这些刚刚走出校门的年轻人如张艺谋、陈凯歌和张军钊等人，拍了电影《一个和八个》《黄土地》等，在中国电影界刮起了一阵旋风。在这个论资排辈很严重的行业里，突然涌现出一批年轻有锐气的导演，他们的成功，对我们这些怀揣电影梦的年轻人，无疑是巨大的鼓励。第五代导演们的出现，让我一下子看到了希望，让我觉得自己的梦想也并非遥不可及。

考上北京广播学院

按照我的理解，要想当导演，必须首先学会写剧本：这应该是受了我父亲的影响。我父亲是一个非常有才华的人。他是1949年前四川大学法律系的毕业生，英文、中文都很好。他在陕西省人民艺术剧院做演员的时候就参与创作剧本，他主演的话剧《保卫延安》，他正是编剧之一。我父亲一直认为，要做一个好演员，首先应该能深刻理解剧本和人物，写剧本，对吃

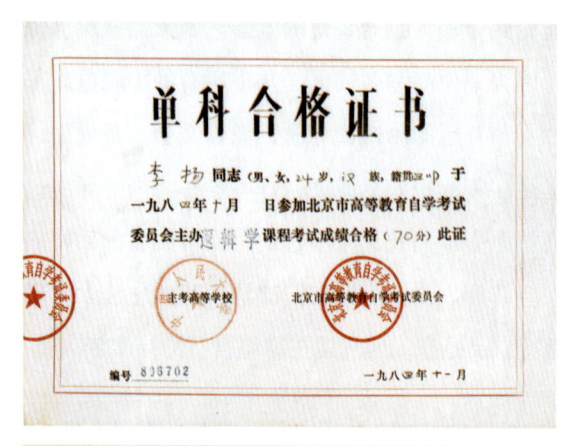

1984年自学高考考试科目的合格证书。

透人物、创造好角色会有很大帮助。

我第一次尝试写剧本时，不知道应该怎么写，也没有人教，只能自学。我买了有关写作的书和一些剧本集，揣摩怎样安排情节结构，怎样推动戏剧高潮，怎样刻画人物个性。我认为这是非常重要的一个学习步骤。1982年，我写过两个剧本。其中一个，写一个刚刚毕业的大学生的成长经历。写他被分配到一所中学教书，写他所遇到的事，写他和同学以及同事之间的矛盾，写他与当时的教育体制的冲突和苦恼。我已经不记得为什么会写这样一个故事，我不是老师，也没有当老师的经历。这大概是与我当时在剧团感受到的压抑和苦闷有关吧。当时的年轻人普遍感到压抑、迷茫、找不到人生的方向。当时有一篇文章叫做《人生的路为什么越走越窄》，它引起了整个社会的巨大反响。这个剧本，我曾跟国家话剧院的著名编剧林克欢老师交流过，他很认真地做了批注，给我提了很多中肯的意见。通过写作剧本，我清醒地意识到，我离做一个导演还差得太远，我必须通过系统的学习来充实自己，我必须上大学。

1985年，经过努力，在剧院领导石羽伯伯、邓止怡伯伯和白凌阿姨的支持下，我终于拿到了报考大学的介绍信。虽然拿到了介绍信，但是对能不能考上大学还是心中没底。有好些人，尤其是那些当年阻止我出去拍电影、阻止我考大学的人，都在等着看我的笑话。我的同事，也是我的好友丁嘉丽悄悄对我说："李杨，你一定要考上大学。不蒸馒头争口气。"她的鼓励让我非常感动，至今难以忘怀。

在专业考试方面我有一定的自信，毕竟我在国家话剧院当了七年演员。但是文化课考试，在我看来，几乎是横在我面前的一座大山。

我1966年上小学，刚刚上完一年级，"文化大革命"就来了。学校停课，老师被批斗，进牛棚。教育全面瘫痪。后来虽然有复课闹革命，但是教育极不正规，没有老师敢好好教学生数、理、化。学工、学农、学军，占去我们大部分的学习时间。在一个不正常的混乱的社会里，在不正常的教育中，1977年我混到高中毕业，完全没学到什么知识。"文化大革命"把我们变成了愚蠢无知的一代。

可是当时，已经高中毕业八年26岁的我却要凭着烂到不能再烂的文化底子，去跟应届高中毕业生在一个考场比拼，其难度可想而知。但是无论如何，我都必须跟他们拼杀，要从他们的手里夺得一个上大学的资格。看起来这几乎是天方夜谭，但我知道，现在怨天尤人毫无意义。为了考上大学，为了实现自己的梦想，为了改变自己的命运，我只能拼了！我唯一能做的就是抓紧每一分钟补习文化课，弥补知识的不足。我相信，我的每一点努力，都会让自己朝着理想迈进一步。

我拼命备考，白天上班，晚上学习。北京师范大学在西城区夜校办了一个高考补习班。只要晚上没有演出，我就骑着自行车，风驰电掣地从东单赶往学习地点。有演出的时候就第二天去找同学抄笔记。

当时我参加了北京电影学院、上海戏剧学院和北京广播学院等学院导演系的专业考试，并且都顺利通过。当我拿到文化课考试的准考证时，离高考只剩下不到四十天了。能否通过高考，能否改变自己的命运，在此一举。好在我是演员出身，记忆力和背台词的功夫不错，加上几年自学的底子，我仅用了三十几天的时间，一天只睡四五个小时，就把当时的初中课本和高中课本（文科）全部背了一遍。至于英语，我知道差距过大，于是只好放弃了努力。因为上中学时，我只学了"毛主

席万岁""共产党万岁"和"热烈欢迎某某某"三句英文，当外国领导人访问西安时，学校会组织我们用这三句蹩脚的英语夹道欢迎他们。

功夫不负有心人，我终于以高出分数线好几十分的成绩通过了全国高考艺术类考试。填报志愿颇费踌躇，上海戏剧学院、北京电影学院、北京广播学院，无论哪一所，都是我梦寐以求的。但我仅想学电影，戏剧学院排在第二选择之列。而北京电影学院

1985年，经过三年的努力，我终于考上了北京广播学院电视系导演专业，开始进行系统的影视导演课程学习。

呢，听说他们要进行教学改革，要引进竞争机制。即他们的导演系招20名学生，两年之后，根据学生的成绩和品行，挑选10名学生继续读本科，另外10人则只能降为大专。这20个学生中谁最后能读四年本科，谁只能读两年大专，其厮杀一定相当激烈、残酷。这让我觉得很不靠谱，担心会有多种因素干扰，到时很难公平竞争。因为中国是一个人际社会，纷繁复杂的人际关系，难免直接间接地影响到这批学生的出路。我不愿掺和到剪不断理还乱的人际关系网里，所以我最终选择了北京广播学院导演系影视导演专业。我觉得自己挺幸运的，以26岁的高龄踏进了令人艳羡的大学校园，向着自己的梦想迈进了更明确的一步。

报到前，我以为自己一定是班上年龄最大的学生，心里面有一点点担心，怕被那些刚刚高中毕业的小崽子们嘲笑。当我报完到，来到宿舍之后，却发现自己的担心完全是多余的。我推开宿舍门，里面坐着一个看上去要比我大上好几岁的同班同学。他站起来自我介绍说，他叫毕福剑。见到毕福剑后，我小小的虚荣心得到了不小的安慰，自信心顿时爆棚。其实毕福剑只比我大几个月，但从面相看，长得的确是有一点儿着急。不过他的面相几乎几十年如一日没有什么变化。我现在却变得满头白发跟他看齐了。当年的毕福剑和我一样，都是以不服输的劲头与命运拼搏，终于考进大学的。他当过兵，有丰富的生活

1985—1987年，我在北京广播学院进行系统的影视导演课程学习。

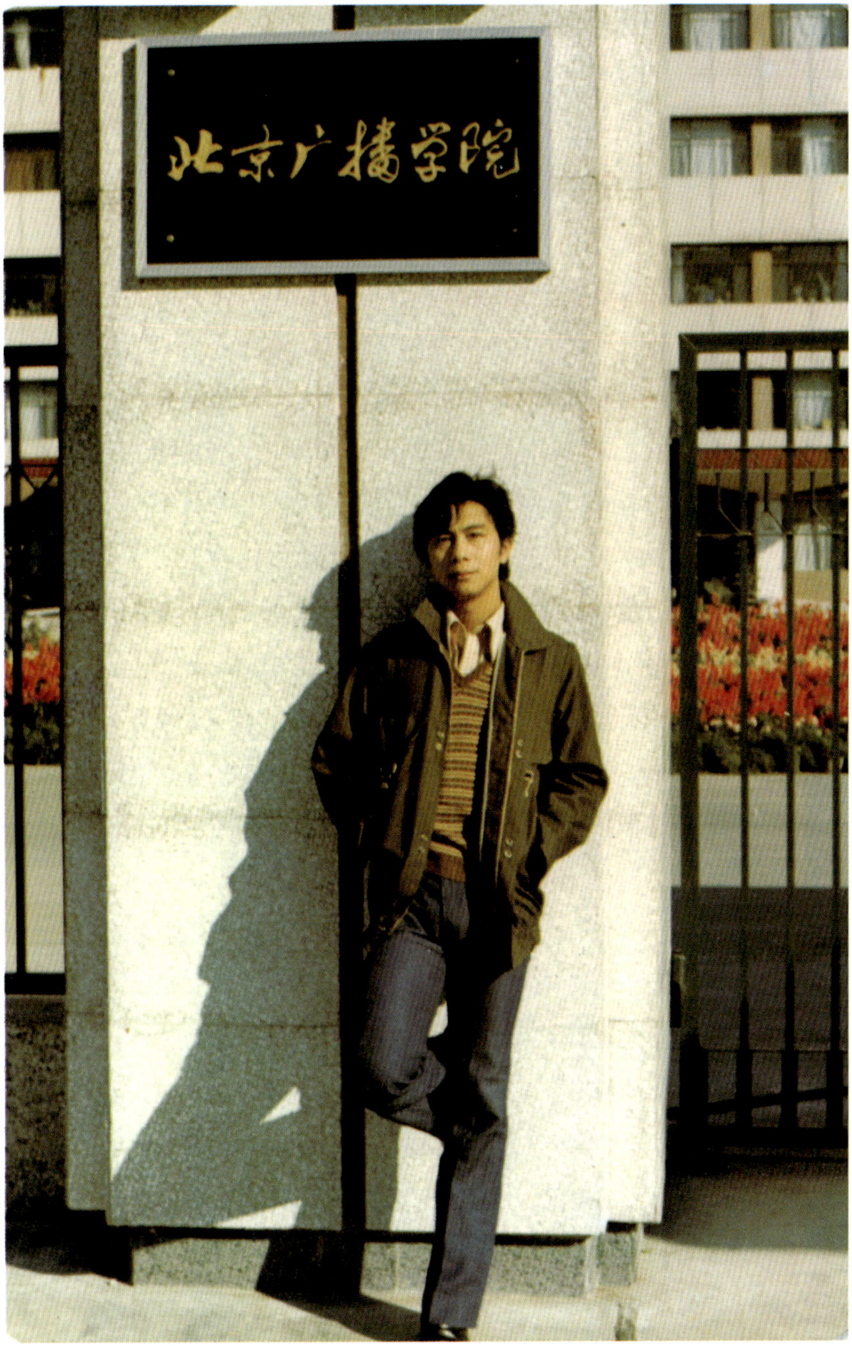
北京广播学院

经历，说话办事相当沉稳练达。他很有才华，吹拉弹唱样样都来得。我们俩一个宿舍，年龄相仿，彼此有共同的话题。我们两个老帮菜不甘人后，学习非常刻苦努力。后来的事实证明，年龄无论大小，学习不分先后，只要肯下功夫，就一定会有良好结果。

开学之后，我拿着十一张《自学高考单科合格证书》来到广院的教务处，要求免修文化课。教务处长瞪大眼睛吃惊地看着我说，你就差一门英语课没有通过了（国家规定，自学高考通过十二门功课就可以获得大学本科毕业证书），你还来上大学干什么？我说，学习专业课呀。处长说，我们北京广播学院可从来没有这个先例。我说，这些证书可都是国家教育委员会（教育部的前身）认证了的。处长说，那你去让国家教委开给我们证明。我说，好！请你给我开一个介绍信，我去国家教委。处长看了看我，然后开了介绍信。因为他根本就不相信，国家教委有可能为我免修功课发函。我拿着介绍信，转身走了出去。

第二天我就请假，骑着自行车直奔国家教委。我的家庭既没有高官后台，也没有任何高层的关系，只有一股闯劲儿。那时候我根本就不知道害怕。在国家教委的大门口登记完，我就直接闯进负责全国自学高考的领导的办公室。那个领导应该是一个司长吧，我向他说明情况后，要求他们给北京广播学院发函，说明像我这样的情况应该予以免修。那个司长挺和气的，没有什么架子。大概是在全中国像我这样敢于直闯国家教委大楼要求免修的大学生不多吧，他并没有叫警卫把我抓起来，反而答应研究之后再给我答复。过了几个星期，我就拿到了国家教育委员会的批复文件。

当我拿着批复文件再次敲开广院教务处长办公室的大门时，他完全惊呆了。他拿着国家教委的文件反复端详了很久。后来经过学院领导的研究，他们终于同意我免修六门文化课。但是政治经济学和马列哲学等五门课程还是必须上的。这在广院已经可以说是破天荒的了。

由于我有许多空闲时间，学院领导要求

大学生活是丰富多彩的。在全校运动会上，我们八五导演班虽然只有六个男生，但是实力却绝对不可小觑。我们获得了男子4×400米接力赛冠军。广院的奖品非常实用，一人一瓶二合一洗发液。左起：毕福剑、我、高狄、钱剑湖。

我做一些学生会的工作。我欣然同意做院学生会的文体部长，八五播音的张政同学是院学生会主席。他毕业后成为中央电视台新闻联播的著名主持人。80年代的大学生活是非常丰富多彩的。除了上课之外，我们学生会每个周末都要组织看电影，请校外的各种著名学者来学院办讲座。学生会还利用卖电影票赚到的钱，买了不少乐器，组织了广院第一支学生乐队。由学生会和各个系组织的周末舞会是每周必不可少的保留节目。电视系和播音系的俊男靓女很多，他们系的周末舞会是广院的亮点，吸引了不少外系和外校的学生前来参加。当然，由此引起的争风吃醋、打架斗殴也是在所难免的副产品。

由于我是学生会文体部长，手里还是有一点点特权的。这个"特权"就是每一场电影我有20张电影票的支配权。我代表学生会把这些电影票免费送给了学院食堂的工作人员、看大门和宿舍楼的门卫以及清洁工人，表示对他们的敬意。我觉得，不管你是什么样的地位和身份，人与人之间的相互尊重是非常重要的。这些平时被许多大学生看不起的校工们是非常朴实的。你对他们的一点点尊重，他们都会记着，并且想方设法地对你回报。比如我去食堂打饭，每次饭和菜给的量都是满满的。那时候广院的大门夜里十点半就关闭了。有时候我回学院晚了，看大门的师傅不但不会责备，反而会给我开门。这免去了我翻墙的辛苦和尴尬。特别是当我和女朋友晚上一起返校的时候，他们会微微一笑地给我们打开门，根本不会向政治处报告。要知道，那时候大学生谈恋爱是违反学生条例的。这一切都让我感到温暖。

社会活动之外，我的大部分时间都花在了图书馆和"参考片放映教室"里了。除了必修的课程之外，这两个地方可以说是我汲取学问和知识的主要阵地。那时候北京广播学院的领导和老师们的思想都相当开放和新潮。他们都希望尽快为国家培养出优秀的专业人才。学院特批我们艺术专业的学生每周有两个下午时间专门观摩外国的电影，每天都会看两到三部电影，而且是未经删减版的。这对于我来说，简直是饕餮盛宴。整个学院的学习气氛也是相当浓烈，学术研究也很宽松，百花齐放、百家争鸣，各种观点各种学说蜂拥而至，令人目不暇接。几乎每一个学生都很努力地学习，生怕落在别人后面。那真是一个激情燃烧的美好时代。

第一次拍片

我的第一部作品是在1986年拍摄的。当时北京电视台要举行一个北京大学生电视剧的联展活动。在我们电视系的领导王纪言老师的支持和鼓励下，我写了一个45分钟的电视短剧剧本，题目叫《追寻》，是一个非常文艺的名字。王纪言老师后来离开北京广播学院，调任凤凰电视台的台长。这是后话。当时他同意学校出机器，但是拍摄经费得自己找。我那时候到处去拉赞助、找钱、找人支持。 这对我来说是一个非常好的锻炼。我终于找到了投资，自编自导了我的第一部短片。这是一部反映校园生活的励志爱情片，讲的是大学生对理想和爱情的追求。剧情是，一个大学生要去征服长江，进行长江漂流。但是他的女朋友不太同意。他们之间发生了矛盾，起了冲突。实际上，我在这个故事的结构里更想放入大学生的恋爱生活。学校在这方面是相当保守的，当时中国的大学里明令禁止谈恋爱。如果发现大学生谈恋爱，就会处分他们。广播学院的政工处和教育处每天晚上都会派戴着红袖标的老师去抓现行。他们手拿装有三节电池的强光手电筒在校园的小树林和幽僻的角落巡查，寻找逾矩的男女学生。尽管校方管得如此严格，仍然阻挡不住男女青年互相间的爱慕之情。那个时候，我自己也在偷偷地谈恋爱。我当时有个女朋友，是我的同班同学赵雪。我们的约会都是悄悄进行的，完全像做地下工作一样。我们每次约会都会相隔一两百米的距离慢慢地若无其事地走出校园，然后在觉得安全的地方会合。这一切绝对不能让老师发现。如果发现我们谈恋爱就会被处分，甚至会被开除。有几个学长学姐在毕业时才公布恋情，希望学院可以把他们分配到同一个城市工作。结果学院领导知道后，就故意将他们拆散，分配到不同的城市，以儆效尤。我在校的几年间，几乎每个学期都有同学因为谈恋爱而背上处分，有的人甚至被开除学籍。但是，虽然有如此严厉的惩罚，广院学子们为了爱情

（左）1986年我自筹资金，拍摄了第一部故事片《追寻》（45分钟）。同班同学赵雪是我的女朋友也是很好的搭档，她既做副导演又做演员。我们在讨论拍摄方案。

（右）大学同学韦大军（左一）担任摄影师。他现在是一名很优秀的电视剧导演。我弟弟李桦（右一）做制片主任。

仍然甘愿冒险。再说，广院的学生中俊男靓女的数量很大，颜值在北京高校中是有名的。一到周末，外校的大学生们乌泱乌泱地往广院窜。这时候，广院的同学们还能那么沉得住气不吃窝边草，不先下手为强吗？爱情的力量是任何东西都无法阻挡的。

我的电影描写的正是那个时代大学生恋爱与理想之间的冲突。大学生谈恋爱在当时是禁区，是资产阶级自由化，所以在这方面，我必须尽力写得隐晦。

摄影师是韦大军，他是我们电视系摄影班一个很优秀的学生（他现在已经是一名非常优秀的电视剧导演了）。我找到的赞助费仅仅够剧组的人员吃饭，所以剧组的所有人员都无毫厘报酬。好在大家都是学生，仅把拍摄这个短片当作实习。我们怀揣对电影的热爱和激情完成了这部影片的拍摄。

等到影片初剪完成，没有想到的是，学校领导让我必须去掉爱情的部分。影片被迫修改，最后修改得几乎没有爱情的痕迹。这是我第一次拍片，也是我第一次遭遇影片审查。《追寻》后来参加了北京电视台的大学生影片展映，并且获得了优秀作品奖，这对初试牛刀的我来说是很大的鼓舞。

在德国苦寻

也许是受早期观看的"参考片"的影响，拍完短片后，我第一次真正看到了自己的不足，我希望看到更大的世界，希望学到更多的东西。我不想做井底之蛙，下决心跳出中国那口深井，去亲眼看看那个我既熟悉又陌生的世界，看看电影故乡的电影人在怎么做电影。中国文化圈当时最流行的不是好莱坞的电影，而是法国的新浪潮电影、新德国电影和意大利新现实主义电影。当我得到机会可以自费到德国留学时，我非常高兴。德国电影对我的冲击是很大的。法斯宾德、文德斯、施隆多夫和赫尔措格都是我非常崇拜和喜欢的德国电影导演。他们的电影都具有较多的哲理性、非常丰富的社会性以及对人性对社会的深刻批判。他们的电影深深地打动了我。我对德国文学、哲学、音乐和艺术都非常熟悉和喜欢。于是我去找学院的领导谈，希望大学毕业后我可以不参加工作分配，而直接出国留学。这个请求被学院领导一口拒绝了。这也不能全怪学院的领导，因为按照当时国家的规定，大学生毕业之后必须服从工作分配，并且要工作五年之后才可以申请出国留学。那时在大学里有一句流行的口号"我是一块砖，党让去哪里，就往哪里搬"。我当时已经28岁了，如果再等待七年才能申请出国，恐怕这辈子我都没有机会留学了。我又一次被推到了命运的十字路口。怎么办？如果出国留学，我就必须自愿退学，大学就算白考了。我退学之后能不能顺利办理到护照，能不能拿到德国签证，这一切都是未知数。就算我拿到签证，到了德国，能否如愿以偿地考上电影学院，这也是未知数。更为严重的是，如果退学，万一得不到德国的签证，我将会失去一切，成为一个没有学历没有工作的失业者。何去何从？这让我寝食难安。

我的女朋友赵雪（就是瞒着学院的老师偷偷谈的那个女朋友）非常理解和支持我，而且她也与我想法一样，于是我们决定冒险一搏。我们选择了退学，成为社会上的无业青年，然后申请自费去德国学习。促使我放弃拼死拼活才考取的大学学位还有一个非常重要的原因，那就是我的女朋友赵雪要去联邦德国留学。当时自费出国留学非常不容易，如果她一个人出国而我留在国内的话，实际上就意味着分手。这是我最最不愿意的。为了心爱的人，我愿意放弃一切追她而去，和她一起出国

一意孤行

1987年，我到德国的西柏林留学。这里是东西柏林的边界。柏林墙前立了一块警告牌。上面写着：注意！您将离开西柏林。1989年柏林墙倒塌。之后两个德国统一，柏林墙不复存在。

留学打拼。非常幸运的是，1987年8月底，我们顺利地拿到了联邦德国（西德）的留学签证。当时我经济非常拮据，尽管如此，我仍然没有向我母亲要一分钱。在我看来，既然我已经长大成人，就不应该向家里伸手，自己的问题自己去想办法解决。我向朋友赵洁女士借钱买了机票，把当时所有的存款大约一千五百块钱换了四百多美金。现在想想都好笑，或者觉得不可思议，我当时哪里来的那么大的勇气，怀揣仅仅400多美金，提着两只箱子，就毅然决然地飞往西柏林，带着美好的愿景，我开始了艰辛的异国求学。

1987年8月底，我从北京出发，在莫斯科中转后飞抵东柏林（当时北京没有直飞西柏林的飞机）。下机之后，边境警察审核完护照，通过中转通道，我和女朋友登上了开往西柏林的大巴。道路两边都是布满铁丝网的隔离墙，边防军士兵手持钢枪表情严肃地站在岗楼上。大巴来到著名的柏林墙关口停了下来，东德的边防军士兵走上车，再一次仔细检查了所有人的护照和行李，还用反光镜查看车底，确定一切正常和没有偷渡者，这才放行。虽然我自信没有做什么违法事情，又持有合法证件和签证，但是从北京出发，我就一直莫名其妙地担心途中会出现什么突然变故，只要遇到检查，我就紧张得要死，心脏就"突、突"乱跳。这种根植在心底里的不安全感，大概是每一个从封闭的社会离开的人同有的吧。大巴车开得很慢，像高速摄影的慢镜头，在穿越柏林墙的一瞬，我脑海里突然闪现电影《蛇》的场景。那是一部反映冷战时期东西方阵营间谍战的影片，影片中有一个在柏林墙东西德国交换双方间谍的场景。而真实的柏林墙正从我的身边慢慢地滑过。西柏林到了，西德的边防警察检查了我的护照，说了一句：欢迎来到西柏林。一直吊着的心终于放了下来。西德，我来了！

我的朋友悟道·霍夫曼（中文名字霍悟道）开着他那辆老式的甲壳虫汽车在海关门外接上我们。他的中文相当好，普通话比一半以上的中国人说得还要标准。他属于相当热爱中国和中国文化的德国人，在中国生活多年。第一届北京爵士音乐节就是他参与发起的。

到西柏林后，我首先去语言学校学习语言，有了一定的德语基础，立马就找了一家中餐馆打工，当跑堂。这几乎是所有中国留学生的必经之路。这期间，我认识了来自河南洛阳的同样是自费留学生的宋新郁，他成为我的好朋友。他是一个与我一样怀揣梦想的文艺青年，写朦胧诗。在国外，公派留学与自费留学，二者有天壤之别。公派留学生是嫡系部队，由国家出钱留学，他们还同时打工挣钱，中国大使馆对他们也相当照顾。自费留学生则不然，我们是散兵游勇，更像没娘的孩子，只能依靠自己打拼，自己养活自己。也正因如此，作为自费留学的我们是自由的，不用每个月去大使馆学习国内传来的即时文件。自费留学生去中国大使馆办事常常会受到冷遇和白眼。我去办理事情就受过一个官员的训斥："你们不好好在中国待着，跑出来干吗？还这么多的事情。真麻烦。"由于身份不同，自费留学生与公费留学生来往不多。宋新郁的德语很好，无论从生活上还是学习上，他都给了我相当大的帮助。对此，我一直心存感激。

经过一段时间的德语学习之后，我去西柏林自由大学注册，攻读艺术史专业。虽然不是电影专业，但是艺术史和电影还是有一些关系的，离我的电影梦也更近了。不久，我报考了著名的德国柏林电影学院导演专业。专业考试第一试通过了。但是因为我各方面的准备还不够充分，第二试就落榜了。当时我的心情相当沮丧。后来，当我知道德国电影大师法斯宾德当年也没有考上这所柏林电影学院时，中国人特有的阿Q精神帮助我很快走出了阴影。我想，反正那么牛×的电影大师都没有考上，我落榜也没有什么大不了的。考不上柏林电影学院，我还有其他的方式学习电影。

西柏林有许多很小的艺术电影院，票价不贵。在里面，我看了许多在国内看不到的世界级大师的影片。法斯宾德便是其中之一。他是我的榜样，当年他也是在电影院里开始学习如何拍电影的。

柏林国际电影节是世界上最好的三个电影节之一。每逢电影节，我就去那里做义工。中国的导演来柏林参加电影节，我都参与过接待，像陈凯歌、张艺谋、谢飞、吴子牛和黄健新导演等。可能他们中有些人已经不记得有这么一个傻傻的中国留学生，年纪老大不小了，还孜孜不倦地做着电影梦。在当时，我实在也只是一个志愿者，而且是众多志愿者中最平常的一个，只要他们有需要，我都乐意去做。作为一个去国离家的留学生，能通过这样的方式接近电影，接近那些优秀的电影人，我其实也十分开心。谢飞老师与黄建新导演支持我学习电影的想法，为我加油打气，这让我非常感动。

在德国，留学生活虽然十分艰苦，但我一直没有放弃自己的电影梦想。

姜文因为电影《本命年》来到柏林时，我特别高兴。我和他曾经都是中国青年艺术剧院的演员。他是1984年从中戏毕业分配到剧院的，我是1985年离开剧院入读北京广播学院的。我们曾经在一起演过话剧，有过一段交往。没有想到我们会在柏林再次相遇。在电影节上，看到中国的电影艺术家走上红地毯，受到了人们的尊敬，我羡慕的同时也为他们感到骄傲。当中国的电影获奖时，我非常高兴，非常激动。这一切对我来说都是一种激励。当然，我接触的不仅仅有中国大陆的导演，香港和台湾的导演我都同样协助接待和翻译。每次柏林电影节，我都十分开心。因为做义工的同时，我可以免费看到更多全世界的好电影，这对我来说是非常难得的学习机会。

因为我以前的演员经历，不久我就得到了一些拍电影和电视剧的机会，扮演一些亚洲面孔的小角色。我演过厨师、武术师、黑社会打手、毒贩等。尽管如此，我还是非常高兴的，因为既可以干自己的老本行赚钱，又可以接触到德国的影视业。我在东德电视台参与过一部20集电视连续剧的拍摄。我演一个泰国的毒贩，被西德情报部门派到东德贩毒，东德警察抓了这个毒贩，顺藤摸瓜挖出了西德的间谍团伙。很有意思的是，我们的拍摄正好是1989年东德比较动荡的时期，东德的导演、演员和工作人员都十分敬业和理性，我们白天拍摄，一点儿看不出动荡局势对他们的影响。吃完晚饭，他们好像完全变了一个人一样，纷纷加入要求改革、反对贪腐的阵营中。第二天大家又准时准点地开始拍摄工作。德国人的纪律性和专业精神给我留下了非常深刻的印象。这部电视剧刚刚杀青不久，柏林墙就倒了。东德马克立刻贬值，我拿到的东德马克酬劳还没有焐热，就缩水了一半。害得我白白欢喜了一场。我不知道这部剧后来是否播出，因为东德和西德统一了，在那样的社会环境下播出，应该不太恰当。这大概是我赚到的最有意思的一笔钱了。

在德国做演员期间，我熟知了德国影视剧的拍摄流程，导演怎样跟演员合作，怎样与其他部门合作。我学习他们的工作流程，这对我帮助很大。

德国的教育体系特别完善，非常人性化。高中毕业可以

一意孤行

在德国留学期间，我也兼职做演员。我经常在电影和电视剧中扮演的亚洲人角色，不是坏人就是愚蠢的傻瓜。这让我十分郁闷。后来想想，在中国的外国人不也是常常扮演此类角色吗？为了赚钱，我一下子就像阿Q一样心理变得平衡了。

直接上大学，不用高考。他们采取宽进严出的教育政策，大学没有学士，要想毕业必须获得硕士学位；大学生必须读完一文一理两个方向学科的双学士，不允许只学文科或者理科，这保证了每个大学生可以获得更全面的教育。可想而知，在德国要想从大学毕业是非常困难的。在德国上大学都是完全免费的，而且还可以自由转学。你觉得哪个大学哪个专业适合你，你可以申请，条件是那个大学必须同意接收你。1991年，我从柏林自由大学转到了慕尼黑大学的戏剧系。慕尼黑是法斯宾德的家乡，在那里，我仍然边学习边打工。为了生存，我做过各种各样的工作，当过演员，做过中餐馆的跑堂，搞过装修，还在德国之声广播电台当过播音员，后来，我在巴伐利亚州立电视台白蓝TV电视台找到一份摄像助理的工作，收入稳定，生活趋于平稳。

可是每当夜深人静，拍电影的想法总是会自动跳出来。每次去电影院看电影我都特别激动，尤其是看到好片子后。这种激动与观众不同，而是立志于电影的人才有的创作的激情，热血沸腾，彻夜难眠。我想，如果我再多一点点努力，并且假以时日，我完全可以在德国过舒适的日子，结婚生子，也会甚至是成为一个不算失败的华裔牛人。但我真的不甘心，但我真不甘心，难道我就这样浑浑噩噩，坐在花园里，喝着啤酒，任凭年华老去，然后在面对自己曾经的梦想的追忆中空度此生？

也是在我最灰心、绝望的时候，我的好朋友诗人宋新郁来到慕尼黑看望我，他给予我巨大的鼓励和帮助。一天，我偶然在一份华文报纸上看到李安导演的创业故事。李安和我一样，也是怀揣电影梦想的人。他从台湾到美国留学，纽约电影学院毕业后，一直没有机会拍电影，但他没有放弃自己的理想，一直坚持着。在六年多的时间里，他一边在家里买菜做饭、打扫卫生、刷马桶，当家庭妇男，一边坚持写剧本、找投资。他是一个大男人，靠太太养活了六七年，还能坚持不懈地追求自己的梦想，终于获得了成功。李安的经历让我特别感动，特别敬仰，仿佛一下子找到了知己一样。他成了我的偶像。我觉得，李安能做到的坚持，我也能做到。当然，他比我幸运，他有一个支持他事业的好太太，有一个能养活他、养活家人的贤妻良母。但是我认为，他的成功更源于内心的坚强和对事业的顽强

在留学期间，我经常为柏林国际电影节做义工。参与过接待几乎所有的中国电影代表团。图为我和黄建新导演（左）在柏林电影节的酒会上。

追求。李安既然可以坚持那么多年，我为什么不能再坚持坚持呢？我内心的"轴"就这样被再次唤醒，身上也生出了一股不撞南墙不回头的劲儿。

多年以后，我在台湾参加电影金马奖颁奖典礼，碰到李安大哥。我很激动地对他说：李安大哥，谢谢你！你知道吗？当年正是你的故事激励了我，让我鼓起勇气一直往前走，没有放弃，终于达成了自己的电影梦。李安大哥非常谦和地笑了笑。他是我非常敬佩的电影导演之一，他那深厚的文化内涵，融和的个人气质，以及不需要克制的内敛都值得我好好学习。

一天，远在德国的我偶然从一份国内报纸的海外版上看到一则报道，说云南摩梭人是中国唯一的一直保持着母系社会传统习俗的部落，便眼前一亮，觉得这是一个很好的纪录片题材。可以拍一个关于摩梭人的纪录片。这个想法一产生，便搅得我整夜整夜睡不着觉。一空下来拍电影的念头像梦魇一样缠绕着我，始终挥之不去。德国的电影圈论资排辈也非常严重，而且我还是外国人，要想在德国的电影圈做导演非常非常难，几乎不可能。我在想，如果无法让别人给我拍电影的机会的话，为什么就不可以自己给自己创造一个机会呢？我通过朋友打听了一下，在国内拍纪录片的费用不高，对于我来说相对容易一些。计算了一下自己的存款之后，我决定先从纪录片开始做起。最坏的结果大不了就是赔钱嘛，赔完了，我再回德国拼命打工不就结了，又能坏到哪儿去？想到这里，我立刻从银行把自己那些年打工赚到的钱全取了出来，买了张机票飞回中国。

拍摄《妇女王国》

我先飞回西安，探望了我的母亲和弟弟们，然后飞到昆明，开始为拍摄做准备。在泸沽湖摩梭人聚集地进行较长时间详细的考察和调研后，我着手写拍摄大纲，组拍摄班子。我首先找到北京广播学院的师哥、云南电视台的著名纪录片导演谭乐水，希望他可以协助我进行拍摄。他当时正在做一部纪录片，没有档期。后经他的介绍，我认识了郝跃骏。他俩给了我相当大的支持和帮助。郝跃骏是云南省社科院的摄影师，对云南的情况相当熟悉，我的这部纪录片，就是他担纲摄影师拍摄的。郝跃骏现在已经成为非常优秀的纪录片导演。我记得很清楚，我到了昆明后，郝跃骏骑了一辆红色的本田摩托车到饭店来看我，然后非常热情地用摩托车带着我为拍片奔波，前前后后都是他帮着张罗。在他的帮助下，我们很快就租到了拍摄设备，找到了所有的工作人员，组建了拍摄团队。

看起来一切顺利，但在开拍前，潜在的困难却接踵而至。要拍片子，必须和当地的政府官员打交道，而在少数民族地区拍摄，困难则更多，光报批各种手续就要好几个月。1991年的时候，不管办什么事情都需要单位的介绍信，没有介绍信，当地政府工作人员根本不会接待。可我就是一个留学生，在国内没有工作单位，更无从开介绍信。虽然我们也找了一些当地摩梭人的关系，可是没有单位介绍信，我们的关系管不管用完全不得而知。剧组已经成立，要是我们一队人马带着租赁的拍摄设备从昆明开到泸沽湖，万一当地政府不接待，不准拍摄的话，我的损失就会十分惨重。我也试图通过别的渠道搞到介绍信，可是没有一个单位会冒险给我这个无业游民开介绍信。我已经在云南为准备拍摄待了一个多月了，根本就搞不到介绍信。怎么办？拍还是不拍？我的二杆子劲头上来了。我对郝跃骏说，先别管那么多，车到山前必有路。出发！在没有任何报批手续的情况下，我们最终仅仅选了一个自认为的好日子便出发了。路途远，道难行，但是一路上我忍不住兴奋不已，眼睛一直看着窗外，看那些颠簸着从窗外滑过的高天、群山和并不高大的树丛。我们的车开了两天多的时间，才到宁蒗县，来到了美丽的泸沽湖。

乡长是郝跃骏云南社科院一个同事的朋友，他和几个乡干部接待了我们。来前，有朋友告诉我，当地人特别能喝酒，他们最喜欢散装白酒。我拿出从昆明买的烟和酒作为见面礼；烟就是普通的春城牌，还有几大桶白酒。乡长等人见了烟和散酒都非常高兴，看得出这正是他们喜欢的东西。我坦诚地告诉乡长，我是北京广播学院的一名学生，是来拍学生作业的，没有介绍信，希望得到他们的支持。当然我撒了一个小小的谎言，没有告诉他，我已经离开北京广播学院多年，也没有说自己是来自德国的留学生。我知道，当时的中国人特别是政府官员如果听说是从外国来的人，他们就会立刻充满警惕。也许是我的诚恳打动了他，也许是我们的关系起了作用，乡长没有追究介绍信的事。当地人非常朴实，仅三言两语，乡长立即叫人从房梁上挑下来一大块腊肉，吩咐炒菜做饭款待我们。虽然只是一盘腊肉、几盘蔬菜，但这已经是他们最好的东西了。乡长倒了一大茶缸子白酒递给我，说，导演，欢迎你们北京来的客人。来，干了！当时我吓坏了。我平时是不能喝酒的，喝一两酒基本上就不行了。我赶忙说，不行不行，乡长，我真不会喝酒。你不会喝？那个乡长一下子就急了，说，李老师，你这个大城市来的人也太看不起我们少数民族了吧。他突然从腰下掏出一把五四手枪，"啪"地拍在桌上，你从北京来的有什么了不起？酒都不愿意跟我们喝，太不给我们面子了。还拍什么电影，不准拍了。我们所有的人一下子全愣着了。郝跃骏赶忙替我解释，但乡长根本不听。看这架势，我心里说，坏了。我立即紧张地给乡长再次解释，我并不是不尊重你们，是真的不会喝酒。他不信。他说，你一个大男人，怎么可能不会喝酒呢？

看来，我只能豁出去了。我知道，这一杯酒喝下去，我马上就会醉倒。我对郝跃骏和剧组的人说，这几天我可能拍不了，你们去拍点儿空镜头吧。然后，我站起身双手举起大茶缸对乡长说，乡长，真的对不起，刚才失礼了，无论如何我都自罚一杯。我一口气干了茶缸中的包谷白酒。然后我又倒了一大茶缸子，对乡长说，乡长，我确实不会喝酒，喝一点儿就醉，但是为了表示我对你的敬意，感谢你们对我们剧组的盛情款待，我敬你一杯酒。来，干了。我强忍着，趁自己还没有倒下前一口气把茶缸中的酒喝了个精光。然后呢？然后我就什么都不知道了。

三天以后我从酒醉中醒来，头疼得要命。乡长来看望我，他说，李老师，没想到你是真的不能喝啊，才两杯酒就倒下了。你没有骗我，够朋友。别的剧组来这里拍电视，都要给乡里交钱的，你的钱我就不收了。少数民族地区的人是相当朴实的，只要认定你是朋友，他们就会豁出一切为你提供帮助。从此我和乡长成了好朋友。

我们在湖畔找了一户人家，跟踪拍摄他们的家庭生活和她家女儿12岁的成年礼，记录摩梭人特有的母系文化和习俗。郝跃骏问我，导演，拍什么？我说，不知道。他说，不知道怎么拍？我说，这个家里发生了什么，你就拍什么。一直拍下去，不要断。无非是多用一点录像带。他们将会发生什么事情我也不知道，只要真实记录他们的生活就行了。在最具体的生活中，我们一定会找到我们想要的东西，而不必主题先行。纪录片最重要的是客观记录，即Documentary，是一个对有文献价值的真实生活的记录，而不是将主观的解说词强加给貌似很好的画面。

刚起意拍摩梭人母系社会时，我只是觉得这个题目很新鲜，有些猎奇的想法。我也正是抱着这样的想法从德国回到了中国。但在经过深入的调查，特别是居身他们中之后，我发现自己以前的想法很幼稚，甚至完全错了。我看到的摩梭人母系社会，其社会结构以及人文走向并不是男权父系社会在母系中的翻版，也不是一夫多妻的翻版。一夫多妻有强烈的家族封建色彩，而摩梭人的母系关系完全是另外一种社会形态和文化传统。

摩梭人不承认自己属于纳西族。1949年后，政府在划分民族时为了方便，把一些很小的民族划分到了另外一个民族里。在摩梭人看来，中国的56个民族中并没有包含摩梭族，或者说摩梭族是一个被忽视了的民族。摩梭人虽然和纳西族住得很近，但他们有自己的语言和文化习俗。纳西族是父系的社会结构和文化，他们的语言和文字与摩梭人完全不同。摩梭人是羌族的后裔，与藏族混居发展而来。他们应该是一个单独的民族。

摩梭人的母系文化非常独特。他们十分敬重妇女，特别是年长的妇女。在他们的文化和习俗里，女性的地位高于男性，老年的妇女地位更高。每当吃饭，坐在上座的一定是所有人中最年长的妇女。成年礼对一个女孩子来说非常重要，是她从小女孩变成大姑娘的一个标志。在12岁前，女孩子是没有单独房间的，男孩、女孩还有老人都住在堂屋里面。12岁以后，姑娘会有自己单独的房间，而男孩长大后仍然没有自己单独的房间，要么跟老人一起睡在堂屋的火塘边，要么睡到自己女朋友的房间。后者就是所谓的走婚了。

一意孤行

李杨自述

摄影师是云南电视台的郝跃骏（左）。他现在已经是一名非常优秀的纪录片导演。中间是纪录片中的女主角，过成年礼的小姑娘和她的母亲。

这个民族只知其母不知其父。家里的男性是舅舅，舅舅扮演着父亲的角色。虽然他们与孩子们不是直系血缘关系，但是孩子们却认为舅舅是妈妈这边的人，是骨头亲，而自己的父亲是谁根本不重要。

　　我们天天泡在那个家庭里，不间断地拍摄他们的生活。开始的时候，他们十分紧张，慢慢地就习惯了，不再理睬我们的摄像机。摩梭人家里，年纪最大的女人是家庭事务的主宰，负责安排家里人劳作。他们的社会形态带有强烈的原始部落色彩，而不是封建的。摩梭人两性之间的交往原则，不像父系社会那样，带有强烈的封建意识和资本价值观念，而是注重情感的真实存在——两情相悦。姑娘和小伙子交往，双方并不看重对方的家庭背景和财产的状况。男女交往是单纯的情感交往。一个男人见到一个姑娘，觉得喜欢，就会打一个招呼，"啊嘿嘿"这么喊一下。如果姑娘觉得他还行，愿意跟他交往的话，就会相应回应一下；如果不回应，男人会知趣地走开。对他们来说，两性关系并不是一个从属和占有关系，我喜欢你，你喜欢我，就交往；不喜欢，就不交往。就这么简单。

　　摩梭人的性观念十分开放。在他们的男女关系中，双方都会有长期的伙伴，也有短期的伙伴。男人要出去工作，要去赚钱，一去几个月，半年，甚至更长的时间。其间，女人会找临时的男性伴侣，对此，长期的伴侣不会嫉妒。如果男人认为这个女人对他不好了，他也会找其他的女人；但是，如果这个女人觉得他就是自己喜爱的人，等他回来，女人会让那个临时伴侣离开。而男方也可以选择回来，或者不回来。所谓的走婚，也就是一个男人晚上到女人家里来睡觉，早上就走了，回到他自己的家里去干活。这种默认的契约或婚姻，其关系是自主的、纯真的、人本的情感关系。

在这种自主，看似松散的婚姻关系中，摩梭人并不如外人想象得那样性生活随便。在拍摄期间，我发现，在那里很多男女一起生活厮守了几十年，很像汉族正常而持久的婚姻与家庭。虽然他们没有任何法律上的契约，但他们有心灵的契约。男人来到女人家里，也会帮助料理这个家，然后又回到自己的母亲家。他的收入都交给自己的母亲，而不是女方。这使得他们的男女之情变得非常纯粹。

摩梭人原本奉行原始拜物教，后来受藏传喇嘛教的影响，逐渐成了藏传佛教和原始拜物教的一种混合。他们居住的地方是山区，村庄与村庄离得很远。人们在节庆日和宗教祭祀的日子，会纷纷前往湖边赶会和转山，这极大地扩大了青年男女认识和交往的空间。转山的时候，他们在湖边或山坡上搭帐篷野营，野餐、喝酒，然后跳锅庄舞。我原以为锅庄舞就是一群人围着火堆，随着音乐不停地转动跳舞。但实质上，他们的锅庄舞应该相当于西方的交际舞。跳锅庄舞时，虽然看上去是一男一女手拉手在一圈一圈地转，但仔细观察会发现，其实男女都在不停地寻找和交换舞伴，他们都在借锅庄舞挑选心上人。他们手拉手的姿势和手上的动作都有某种暗示，如果不喜欢拉手的人，跳着跳着自然地一甩手就换到了另外的位置。如果是心仪的人，彼此愿意交往，就手拉手把一曲跳完，一起寻找没人的地方交流。在锅庄舞之外，他们还会对歌。通过一问一答的对歌，把自己的情感很含蓄地表达出来。对歌和跳锅庄，帮助他们彼此认识和了解，并因此找到自己的心上人。这是一种很单纯的形式。

　　有一天，恰逢当地的一个节日，摩梭人都穿起漂亮的衣装，带着吃食去转山。我们跟踪拍摄，直到夜里。因为听不懂摩梭语，我们请了当地摩梭人做翻译。我的翻译是一位姓杨的退伍军人，为人十分热情。他曾经在老山前线打过仗，身上多处负伤，是一级战斗英雄。这一天非常累，我们借住在乡政府里，简单洗漱之后，我立刻就睡了。估计已是后半夜，迷迷糊糊中，我听到有人在敲窗户叫我。听明白后一问，才知道是杨翻译向我借衣服和裤子，我让他进来。他说，不进不进，不能进，丢死人了，你把衣服从窗子扔出来。第二天一打听才知道，我们这个战斗英雄在跳锅庄舞时看上了一个很漂亮的小姑娘，晚上就去纠缠这个小姑娘；小姑娘不愿意。他当时喝多了酒，就死缠烂打，一定要和那个小姑娘好。小姑娘便约他晚上十点钟到村边约会。没到十点，他就满怀春心兴高采烈地赴约去了。没想到小姑娘却约了村里的一群闺蜜把他给包围了，我们的一级战斗英雄只好束手就擒。姑娘们恶作剧，把他扒了个精光，衣服裤子全拿走了。他不敢进村，因为有人守在那里，等着看他的笑话。杨翻译在草垛里一直躲到后半夜，冻得实在受不了，才赤条条地偷偷跑来向我借衣服。我后来问他为什么不反抗。他笑笑说，要不得，她们都是女娃娃。我一个大男人怎么可以反抗女人呢？摩梭女人有什么样的地位，由此可见一斑。

　　这是我们拍摄中非常有意思的一个插曲。这件事情提醒了我，拍电影尤其是拍纪录片，必须了解被拍摄对象的文化，尊重他们的习俗，决不能把自己固有的价值观念强加于人。世界上每个民族都有着自己不同的文化和不同的习俗，人与人的交往，理应相互尊重和理解。

当时的泸沽湖十分闭塞，这个古老的母系社会文化因此得以完整地保存了下来。后来因为旅游开发，修通了公路，现代文化开始侵入并影响摩梭人的生活，使他们的文化习俗开始慢慢发生了变化，尤其是那种恶俗的、以金钱为基础的两性占有关系和拜金文化，对他们原有的婚配形态产生了很大冲击。

当地有一个露天温泉池塘，自古以来摩梭的男男女女都在那里赤身露体地沐浴聊天。这是他们相互认识和交往的场所，就像一些西方国家的天然浴场一样。当地的汉族干部觉得男女都光着身子混在一起泡温泉，既不雅又不道德，违背了社会主义礼仪风尚。他们就砌了墙，把温泉隔成男区和女区两个部分。但是墙白天刚修好，晚上即被当地摩梭人推倒，隔离墙前后被推倒了18次之多。在摩梭人看来，男女温泉裸浴，本属天然，并无恶俗之念，所以不能容忍人为分隔。我去的时候，还可以看到隔离墙的残迹。我原打算拍摩梭人男女混浴嬉笑打闹的场景，但是当地干部觉得这些是阴暗面不许拍，不能拍，但允许我们泡温泉亲身体验。我觉得，和当地人打成一片的最好方法就是放下自己的固有观念去尊重他们的文化和习俗。我让大家脱光了下去泡温泉，可是除了我，剧组的其他人都觉得害羞，都不愿意赤身裸体地和当地的男男女女一起泡在温泉里。不过，他们倒是愿意在一旁观看。在热气腾腾的温泉池塘里和大家都是裸体的环境下，那群穿着衣服在一旁观看的人反而显得十分怪异。其实世界上的许多事情、很多误解都是人为造成的，价值观念的分歧和冲突大约也是缺少沟通和固执己见

一意孤行

1991年，在云南泸沽湖边拍摄关于摩梭人的纪录片
《妇女王国》，讲述了母系部落一户人家的故事。

所致。人们往往固执地认为自己是正确的，他们仅仅以自己的视角观察万物，并进行道德判断，殊不知，这其实很容易扭曲事物的原来的面目。就拿男女同浴这件事来说，中国的现代主流观念一定会认为这是肮脏的、色情和不道德的。而在西方发达国家却认为是非常正常的、健康的。在很长一段时间，中国人穿个喇叭裤、女人烫发和涂口红也被认为是流氓，不正经，是小资产阶级的低俗情调。但是现在，人们会认为那是时尚，是一种个性美。事物还是那个事物，并没有任何改变，只不过人们的观念变了而已。当我在同伴们惊讶的眼神中与杨翻译走到温泉边，坦然脱光下水，摩梭人一如平日跟我打招呼、聊闲天，自然得宛如吃饭喝水。

杨翻译已经忘记了前几天的尴尬，依然如故地边泡澡边泡妞讲笑话，不时腾起一阵嬉笑声。有两个姑娘走过来，坐在我旁边，主动跟我说话，问我关于拍电影的事情。这两个姑娘是姐妹，长得很漂亮，身材丰满，皮肤不是像当地人那样黝黑。她们住在乡政府附近，知道我们是来拍电视的，问回去的时候能不能让她们搭车。我当场就痛快地答应了。

泡完澡，穿好衣服，我让司机等一等那两个姑娘。杨翻译把我拉到一边，说两个女孩不能上我们的车。我说顺路捎她们一脚也不绕路。他很严肃地说，你要捎带她们的话，我就自己走路回去，我不跟她们坐一辆车。问他原因，才知道这两个姊妹的母亲和奶奶都没了，舅舅们不怎么管她们，因为没有男人干活，生活困难，所以接受了男人的钱物。这为当地人不齿，认为她们是坏女人。摩梭男女交往，只能送些小礼物表达情意，而不能谈金论银。这两个姑娘收了男人的钱物，村里人觉得脏，都不愿意跟她们来往，甚至不愿意一块儿坐车。这让我左右为难，因为我已经答应了那两姊妹，但是又不能为这事与杨翻译搞僵了。两个姑娘穿好衣服，弄干了头发，包好头巾，已经到车旁等我。我只得硬着头皮走过去，撒了一个善意的谎。我跟她们道歉，说我们还要到另外一个地方去拍摄，暂时不回村里了。两个姑娘看到杨翻译刚才与我在一起，似乎也明白了其中原委，便默默地转身走了。她们哀怨而无奈的眼神我永远记得。看着她们远去的身影，我心里蛮难受，便让司机开车，开往另一个方向，一个没有目的地的地方。我不愿意在回去的路上再次遇见那两个姑娘，更不愿意让她们觉得我欺骗了她们，觉得我跟其他摩梭人一样看不起她们。路上我问杨翻译，在摩梭人看来，送什么样的礼物给姑娘是合适的。他说，无非手帕、一篮子鸡蛋或者水果之类，都不能是特别值钱的东西，只是一种心意。我一下子对摩梭人纯然两情相悦的情爱世界充满了敬意。

1991年拍摄《妇女王国》的时候，我已隐隐感到外来文化对摩梭文化的侵袭了，虽然当时摩梭人还顽强地坚持着自己的文化和价值观念。现在的泸沽湖摩梭人居住地已是西南著名的旅游景区，摩梭人面对强大的现代资本和外来文化，面对蜂拥而至的旅行猎奇者，还能不能坚守和留住自己特殊的文化传统？我真的不敢往下想。

《妇女王国》制作完成后，被德国电视二台ZDF收购，在一个著名的妇女栏目播出。ZDF是德国最好的两家电视台之一。能有这样好的结果，是我开始计划拍片时根本没有想到的。这一段拍摄经历对我非常重要，它让我明白了，不管拍什么，面对拍摄对象，都不能以先入为主的印象、想当然地去拍摄，而是要深入进去，从中发现有人文价值的东西，只有这样，拍出来的影片才不会是猎奇的风光片，而是具有一定人文意义和价值的具体而微的好片子。

1992年，我带着这部纪录片报考科隆影视传媒学院电影导演系，终于如愿以偿。考上这所赫赫有名的学校，我觉得自己非常幸运。我在导演系学编剧和导演，还要学摄影、录音和美术。我们班是硕士班，只有七名学生，却有二十多位老师给我们授课，学习内容充实。我的同班同学贝恩德·里希腾伯格，毕业后写出了非常优秀的剧本《再见，列宁》，这部电影大获成功，获得了一系列国际大奖和非常好的票房成绩。贝恩德·里希腾伯格也一举成为了德国著名的电影编剧和作家。

《欢乐的绝唱》和《痕》的拍摄

我开始拍纪录片的时候对影视人类学非常迷恋，看了不少关于中国少数民族风俗文化的书。爱尼人是哈尼族的一支。哈尼族是中国最古老的一个民族——羌族的后裔，由西北的羌族一部分南迁至云南而形成。后来四川和贵州也有了羌族人。1993年，我利用假期，返回中国拍摄了一部关于少数民族的纪录片，名字叫《欢乐的绝唱》。它记录了云南勐腊爱尼人的传统习俗，是关于生与死，葬礼与传宗接代及男欢女爱的故事。勐腊在云南的最南边，我拍摄的地方非常偏僻，离中缅边境大概只有20公里，仅翻过一个山头就到缅甸了。

在爱尼人的传统文化中有非常美好的东西，也有一些糟粕。比如说，在勐腊的爱尼人看来，女人只能生单胞胎，怀一个是正常的，怀双胞胎或者多胞胎都是不吉利的，是魔鬼附体。如果妇女怀了双胞胎或者是多胞胎，一定要把孩子杀死。他们甚至认为，如果一根秧子上同蒂长两个瓜，同蒂结两个西红柿，都是不吉利的，要把它们毁掉，否则会给家族和村落带来灾难。我看到一个报道，有一个勐腊县的爱尼人妇女怀了双胞胎，她坚决不同意堕胎，在当地的妇联的支持下，她勇敢地把双胞胎生了下来。可是传统文化势力非常强大，村民们认为她是魔鬼附身，害怕给自己带来灾难，就烧了她家的房子，把全家人赶出村子，想迫使她杀死自己的双胞胎孩子。这位妇女为了保护自己的孩子和家人，勇敢抗争。幸运的是，她得到了丈夫和家人的支持，他们在村外重新搭了房子，顽强地生活了下来。

这是一个了不起的女人，我想拍个纪录片，讲述这个妇女的故事。我从昆明坐车，经过好几天才到西双版纳，又转车，然后才到勐腊县。下了长途车，再坐手扶拖拉机一路颠簸到了那个乡。

那是一个极度穷困的地方，我只能借住在小学校里。我把几张课桌拼起来，向乡政府借来被褥铺在上面，总算安下了家。我随处转悠，了解当地的文化、传统和风俗，探索产生这种文化的深层原因。

有一天，乡长来敲门，说有人家办事请客，让我去打打牙祭。我们坐着手扶拖拉机（手扶拖拉机是当地唯一的机动车交通工具），在土路上颠簸，好不容易到了山脚下。山上不通路，我们徒步登山。饥肠辘辘地爬到半山，我随着几个乡干部进了屋。屋里吊着一只瓦数不大的电灯泡，光线昏暗。我渐渐看清屋里摆了四桌饭菜，男的两桌，女的两桌。看来，他们的传统是男女吃饭不同桌，就是没有客人也这样。吃饭用的是很矮的小桌子，坐的是小板凳。席上没人动筷，看样子应该是在等人。看到乡长领我们进来，大家赶紧起身相迎。乡长把我介绍给这家的主人，一个四十多岁的男人。男主人拉着我的手，往上座让。我慌忙推辞，让乡长坐上座。主人说北京来的客人，理当坐上座。乡长说，尊贵的客人坐上座，是这里的风俗。我不好再推辞，落座后，乡长坐在我旁边。男主人坐在另一边。我不知道他们为什么请客，他敬酒我就喝。席上有说有笑，用的是他们的语言，我完全听不懂。在云南生活着二十多个民族，可以说是十里不同天，十里不同音，翻过一座山渡过一条河，就可能彼此听不懂对方都说什么了。我想回敬主人，问乡长他家在办什么喜事，我敬酒该说什么。乡长说他们家死人了，是男主人的父亲，今天刚死。天哪，这也太不可思议了。他家人死了，他们却在饭桌上嘻嘻哈哈地说笑吃喝，没有丝毫悲伤的气氛，没有人哭泣，甚至没有人显出悲戚的神情。

  我想向男主人表示一下哀悼，就问人埋在哪里，男主人指了指我身后。我回头一看，吓了一跳，差一点没有从板凳上站起来。一床因为脏，已经变成暗红色的红花棉被裹着的尸体就躺在我的背后，离我至多也就四十公分的距离。我惊得背心直冒凉气，差一点没有呕吐出来，举着酒杯呆在那里。心想，靠着尸体那么近，这算哪门子上座？这顿饭还让我怎么吃啊？我知道，此刻我必须强迫自己镇静，绝不能呕吐出来，也绝不能表现出惊恐。这是他们的习俗，跟我们汉人的习俗不一样，不管我理解不理解都必须尊重他们。虽然我不善喝酒，但是为了壮胆，我假借敬酒，连喝了好几杯压了压惊。乡长在一旁若无其事地边吃边喝，说说笑笑，同其他人聊得很开心。

回去的路上，我问了乡长，才知道丧事是爱尼人生活中最重要的仪式，远比过年、结婚要隆重得多。他们开心办丧事，是因为他们不能让死去的人觉得他们过得不好，那样的话，死者的灵魂就忧心着而不肯离去。所以他们要开开心心地欢送逝者，以让逝者的灵魂回到祖先的聚集地。

我觉得这个题材十分有意思。当时就决定，先不拍那个双胞胎母亲的故事，改拍这个纪录片。

爱尼人认为，人死后，灵魂不会走，不会散，还飘荡在这里。死者入土之前，所有接近死者的人都会被灵魂附体，亡者身上好的东西或者坏的东西都会传递给活着的人。如果亡者生前做过许多好事，家庭和睦，儿女双全，儿孙满堂，人品好，又没有做过害人坑人的坏事，就是有福之人。不管认识不认识逝者、远乡近邻都会赶来参加葬礼，为的是从逝者身上接福；如果是横死的，品行不端或做过坏事的人，无儿无女的人，不管你多么有钱有势，葬礼办得多么隆重，人们都会避之犹恐不及。这样的人也不许埋进祖坟。

这时候我才明白了，原来请我去吃饭的那个家庭刚刚去世的老人是一个十分有福气的人，所以他们让我挨着他坐。把最容易接到福气的位子让我坐，是他们对我最大的尊重。

我拍摄纪录片的原则就是拒绝摆拍，要拍完全真实的生活常态。我想要拍老人去世的过程和葬礼，前提是得找到一个即将去世的有福的老人，而且老人的亲人和村里的村民还要同意我拍摄他们的葬礼。我知道这件事的难度，便拜托乡长和乡里的干部，并表示愿意支付一定的费用作为酬劳。现在想想，我的动机确实有些不道德，我怎么能盼着别人家死人呢？好在乡干部支持我，理解我，把这个任务布置到各个村。

那个乡当时没有饭馆，乡长安排我逐次去各家吃派饭，按天交伙食费。那里确实是一个神奇的地方，有很多我叫不上名字的植物，有各种各样的野菜。当地人除了种一些辣椒，几乎不种菜。饭前他们拿把剪刀到田野随地剪些野菜，回家煮煮炒炒，就可以吃了。我跟当地人吃饭聊天，了解他们的文化传统和风俗习惯，同时焦灼地等消息。

从乡政府到其他村落都非常远，有的要翻几座山才能到。那个地方瘴气重，当地人都住在半山腰。到任何一个村庄拍摄，我们都要借用乡政府的手扶拖拉机，先开到山脚下，再爬很高的山，才能到村子里。那里也不通电话，传递消息只能靠脚和自行车。村干部不便随意打听谁家快死人了，所以无法提前通知我，往往是人已经死了，消息才能传到山下。等我们赶去，要好几天时间，人家的葬礼都已经办完了。别无良法，我只能耐心等待。

有一天，我跟乡长一块吃饭。他说，李老师，我觉得有点奇怪。我问为什么。乡长说，你看看，自从你要拍葬礼的电影，不到一个月，我们乡已经连续死了七个老人了。我心想，完了完了。那个地方相当贫穷闭塞，大部分人没有见过照相机，更不要说摄影机了，连乡政府都没有电视机。当地人知道我是来拍电影的，他们从摄影机里看到自己的影像都十分惊奇。当地的许多人都认为自己的灵魂会被照相机和摄影机拍走，他们一见到我举起照相机、摄影机吓得就四处躲藏。他们一定觉得我是个充满邪气的人，是我这个外来人给他们带来了不吉利，带来了灾难。我问乡长，是不是他也觉得我带来了灾难。乡长虽然是当地人，但他是汉人，上过技校，有一定知识。他没有直接回答我，只说他也不信这些东西，可是以前没有一个月内死那么多人。我知道乡长是在暗示我，已经有不少谣言传出来了。我跟乡长诉苦，求得他的同情和理解，并希望等待最佳的拍摄时机。乡长勉强答应了，说也不能等待太长的时间，这次拍不了，就下次。我请求乡长最好在人弥留之际告诉我，虽然我知道这是不可能的。自那以后，我每天都在谴责自己不道德与渴望运气的焦虑中度过。

  运气说来就来。一天，一个老乡跑来对乡长说他父亲快不行了。乡长赶快来通知我，说这个老乡的父亲是个有名望的好人。我答应那个老乡，会给他一些钱，作为他同意拍摄葬礼的报酬。乡长派人开着手扶拖拉机载着我们摄制组立马出发。拖拉机把我们送到山脚下，我们再徒步爬上山寨。那个老乡十分焦急地赶着回家，他走得很快，一会儿就没影了。尽管我雇了几个老乡为我们摄制组背摄影和录音器材，我们仍然气喘吁吁。我想走快一点儿，可是我的双脚根本就不听使唤。平时在城市里很少走路，更不要说爬山了。大家走一会儿，就要歇一会儿。我心里非常着急，想早一点赶到，拍到他们最后诀别的场面。我知道，如果这次不能完成拍摄任务，恐怕就不能在这个地方拍摄了。尽管乡长支持我，但他也不得不考虑当地的民情和民族习俗，万一他们认定我就是魔鬼的化身，会给这里带来灾难，我的麻烦就大了。当我们终于爬到山上时，那个老人已经咽气了。我们顾不上休息，马上拍摄。他们家操持整个葬礼的过程，倒是全部拍下来了，这也是不幸中的大幸。

去世的这位老人德高望重，儿女双全，大家都认为他是很有福气的人。很多外村的人听说了，都往这里赶，有的甚至要走一两天山路。云南是个很暖和的地方，来的人摘几片芭蕉叶子往地下一铺，弄一个火堆熏熏蚊虫，就躺下睡了。这个只有二三十户人家的小村子一下子热闹起来，村里村外、路上、山坡上都住满了人。葬礼办了好几天，因为要款待来参加葬礼的人，丧家请了许多村民帮忙，杀了家里所有的猪，做了好几锅米饭，像是举办盛大的节日。来的人都会带一点东西表示敬意；走的时候，丧家也不能让他们空手，切一小块猪肉，给每个参加葬礼的人带回去。

有一个巫师主持葬礼。葬礼有严格的规定和步骤，井井有条、一丝不乱。葬礼的过程还是一种文化的传承。爱尼人没有自己的文字，他们通过唱歌和讲故事的方式，传承着自己的文化。每天晚上，篝火边的老人们都会讲故事，人们通过这些故事来学习他们的文化。来自不同村落的人也借这个机会互相认识。孩子们到处跑，年轻的男女互相嬉笑着、打闹着，村里家家户户都开着门，迎接远方的客人。

当地人住的都是两层的吊脚楼，一楼养猪养牛，二楼住人。进到楼里，浑浊的空气、刺鼻的异味便迎面而来，使人感到窒息。当地人的家里一般都是男人一屋，女人一屋，屋里没有床，睡觉就在木地板上。晚上拍摄结束后，我们随意走进一

一意孤行

1994年，作者在云南的勐腊县山区拍摄纪录片《欢乐的绝唱》。该片讲述爱尼人的喜丧风俗。他们为了辉煌地死去而好好地正直地活着的生死观改变了我对于死亡的看法。

户人家，入乡随俗，和衣睡在男人屋的地板上。我已经累到听不见猪哼哼与牛吃草的声音了，一躺下去就迅速进入了梦乡。第二天一早，我觉得自己的背上痒得难受，醒了以后，让人看看，发现数不清的大小疙瘩密密麻麻排成几列，地板的缝隙有多宽，一列疙

瘩与另一列疙瘩之间的距离就有多宽。看来，臭虫是争先恐后地挨着个吸我的血。那里的臭虫多到什么程度呢，使劲拍一下地板，一巴掌下去能震出十几个臭虫来。大家醒了，都在身上乱抠乱抓。我们是大城市来的生客，对于那些常年生活在穷乡僻壤的臭虫们来说，无疑是唐僧肉和小鲜肉，臭虫们在我们的肉体上尽情享受着豪华盛宴。这些疙瘩奇痒无比，风油精和清凉油都失去了作用。但是没有其他办法，为了拍摄这部纪录片我们只能忍，忍到拍摄结束为止。剧组的其他人恨不得把我吃了。

爱尼人把葬礼看得非常之重，能不能办好葬礼，决定了死者和他们家族的荣耀。能不能办好葬礼跟丧家的权势和财富无关，而在于逝者生前的为人处世。好人的葬礼很风光，有的办三天，有的五天，最多的是七天。来参加葬礼的人越多，他们的家族就越荣耀。从来参加葬礼的人数上就可以看出丧者的名声如何，人品怎样。人生前做的所有事情都关系到自己葬礼的规模。做过坏事、人品不好的人死了，根本没有人愿意来参加这种人的葬礼，只能当天悄悄拉出去埋掉。一个人如果做了不道德的事，他的灵魂就回不到祖先聚集的乐园，继而变成到处游荡的孤魂野鬼。爱尼人的这种风俗其实是一种教化与警示。它告诫人们，要多做善事，不能做坏事。只有这样，才能死得荣耀，魂归故里。

爱尼人认为，逝者的灵魂只有返回祖先居住的地方，与先人团聚，才能得到安息。如果逝者的家人亲友悲伤痛哭，逝者的灵魂就会因为惦念自己的家人亲友，久久流连家里不肯离去，这对活着的人很不吉利，游荡的灵魂会祸害人间。为此，他们必须高高兴兴地给逝者办一个隆重的欢送仪式，让逝者看到他们活得很好，逝者就会放下牵挂离去。葬礼上，女人唱送行歌，不停地唱，用歌声把逝者的灵魂沿着他们曾经迁徙的路线送回到爱尼族的发源地，祝祷逝者与祖先团聚。同时，通过歌声告诉后辈，爱尼人的发源地是在哪里，是怎么发展起来的。

送葬的时刻到了，这是我见到过的最奇特的葬礼。人们争相轮换着抬棺材，用手摸一下棺材就可以接到福气。他们在墓地说说笑笑，葬礼完全变成了一个欢歌笑语的聚会。翻译告诉我，他们说的都是一些关于男欢女爱的荤段子。为什么要在逝者入土的时候讲关于性爱的笑话呢？后来我才知道，因为参加葬礼的人来自四面八方，举办葬礼的地方成了一个社交活动的场所。人们在这里互相认识、交往。最令我们感到不可思议的是，在逝者入土的那一天，无论是夫妻或恋人，都要在山间林里交合。他们认为，这个时候交媾并怀了孕，逝者的福气就会传到他们的孩子身上。生和死在这一刻交替轮回，葬礼成了孕育新人的时刻，成了欢乐的事。墓地里没有哭声，只有欢笑。这是一首生命的绝唱，也是新希望的赞歌。这种观念对我极具启发意义，所以，我给这部纪录片起名为《欢乐的绝唱》。

的确，人不应该惧怕死亡。人都有一死，这是无法逃避的，关键是我们应该怎么活着。如果人们能够珍惜每一天，好好地生活，多行善，不作恶，就算死神降临，也会死而无憾。

那段拍摄的经历让我难以忘怀，我时常想起那个地方，想念那些纯朴的村民，想念那连绵不断的山峦，想念变幻莫测的美丽的云彩。

拍完《欢乐的绝唱》，我开始准备我的毕业论文与毕业作品。我的毕业作品《痕》，是关于南京大屠杀的纪录片。因为我毕业的那年正好是第二次世界大战结束五十周年。我觉得作为一个中国人，有责任有义务把我们在战争中遭受的苦难，客观地介绍给西方的观众。我们在电影和电视上看到犹太人批判纳粹德国对他们的迫害，德国人在反思，而日本却丝毫没有，这让我愤懑。我决定拍一部纪录片，客观地介绍侵华日军在攻占南京时发生的行为。我在南京待了好几个月，去图书馆查史料，采访活着的当事人和知情者。为了保证片子的客观性，片中没有任何主观评论和解说词。片子是由对当事人的采访和亲身经历者的回忆（包括日本侵略者的回忆）、南京大屠杀时外国人拍摄的珍贵纪录片与照片剪辑而成。我把搜集到的各种资料穿插起来，客观地再现南京大屠杀，让观众自己去判断，1937年12月的南京到底发生了什么事情。

这个纪录片一做完，就被德国电视一台收购，并作为纪念"二战"结束五十周年的系列影片之一，在德国和其他国家播放。《痕》引起了不小的反响，使得外国人对"二战"时日本人在中国在南京犯下的滔天罪行有了一定的了解。

《欢乐的绝唱》和《痕》被选上了入围德国莱比锡国际纪录片电影节竞赛影片单元，并获得提名。中国驻德国大使馆听说有一个中国留学生自己花钱拍了《痕》这样一部纪录片，反映南京那段历史，很是高兴，大使馆文化处奖励我500马克。我用这500马克奖金，又添了一些钱，举办了一个很大的电影Party，并在我的母校科隆电影学院放映了《痕》，以此纪念"二战"胜利五十周年，同时庆祝自己硕士毕业。那天我请了许多中国和德国的朋友，开中餐馆的好朋友老范做了很多菜，她死活只肯收取饭菜成本费，以此表示对我的赞助和支持。

回国的纠结

　　我在准备毕业论文的时候，因为长期地劳碌奔波，得了急性盲肠炎，肚子疼得不行，但是我必须咬牙撑着。因为不在规定的时间内交出毕业作品，就要再延后一年才能毕业。我忍着病痛按时交了毕业作品和毕业论文。当我强忍着走出电影学院的大门，准备去医院的时候，疼痛阻断了我的脚步。我用拳头顶着肚子蹲在马路边，汗珠像下雨一般从头上流淌下来。一个低年级的女同学看见了，马上帮我叫了救护车，把我送进医院。大夫一检查，发现情况非常严重，盲肠已经化脓，必须马上住院做手术，如果再晚到几个小时，肠就将穿孔，有生命危险。德国医院的效率特别高，一个小时之后我被推进手术室，切掉了已经溃烂的盲肠。我在医院昏昏沉沉地睡了好几天，把那一段时间欠缺的觉都补了回来。

大约一周之后,我的手术伤口虽然还未完全愈合,但毕业论文答辩时间到了。我跟医生请假,医生坚决不同意。我左磨右泡,说服了医生,忍着伤痛赶去参加论文答辩。我的努力与坚持,让我终于得到了那张宝贵的硕士毕业证书,结束了漫长的学习生涯,与此同时,我的肚皮上也留下了一道永远不会消散的印记。

这条追求电影梦的学习之路我走得十分艰辛,花了整整十年的时间,在中国和德国,一共上了四所大学。我经历了一次次的失败和人生低谷,然而我并没有放弃。我顽强不懈地坚持和努力,终于修成正果。

硕士毕业之后,我的第一想法就是要拍故事片,并打算回国进电影厂。1996年,我又一次带着自己的梦想起飞,不过这一次是从德国飞回了中国。

我决定回国发展,但当我即将跨进国门重新了解自己将要工作和生活的环境时,却感到迷茫。其实,长期在海外生活的中国人,都会遇到这个问题。说"回国定居"这四个字非常容易,但实际上回国的过程是十分艰难的。我1996年就开始尝试着回国定居,当时我与大多数侨居海外的华人想法一样,既不放弃德国的事业,又可以回中国创业。我在德国有稳定的工作,而且收入可观。当时德国马克兑换人民币的比例是1∶6.5。中国当时最响亮的名头是万元户,而我每个月的收入都可以超过好几个万元户。要我马上完全放弃德国的一切,回到中国创业,这是很难决定的。

1996年的北京就是一个大工地,到处是灰尘,天空也是混沌的。每次回国我遇到的第一件事，就是拉肚子，吃什么拉什么，随之而来的是发烧和咳嗽以及嗓子痛得说不出话。国内的污染非常严重，我的身体大约一个月左右才能适应。当时国内的各个方面与德国相比，差距都非常大。如随地吐痰，过马路不守规矩，到处充斥着山寨产品。那时候出门办事，最痛苦的是上厕所。要么找不到厕所，要么即使找到了，公厕的肮脏和气味也令人无法忍受。我约人谈事，大都约在四星、五星级宾馆，我不是要装富豪，而是至少可以干净体面地解决上厕所的问题。我已经完全想象不出来，当年我是怎么在这种环境下长大的。当时我确确实实很难下决心立刻回国创业。身体上的不适应还在其次，观念上的分歧才是最重要的。每当我在亲戚朋友面前抱怨国内的种种脏乱差的时候，总会有人不留情面地抨击我：你说德国那么好，中国那么差，那你为什么还要回来呀？你留在德国好了。言下之意就是中国不需要你这样的人。这时，我只有闭口不言。我感觉到了理想和现实的碰撞。德国和中国是完全不同的国家，文化不同，政治体制大异。文明程度、现代化程度都有很大的差别。这是不可否认的事实。我抱怨、我批评正是因为我爱这块土地。这里是生我养我的地方，这里有我的家我的母亲，有我的母体文化。我希望这块土地变成干净美丽的家园，成为人人平等、幸福安康的地方。难道我们只可以批评外国的种种问题和弊端，而不可以批评自己的问题吗？

我拿着自己的毕业证和简历信心满满地去了电影制片厂。可是那个时候，中国的电影业不景气，电影制片厂一年最多拍一到两部电影。三五百万人口以下规模的城市几乎没有了电影院，它们大都变成了商场。城市的各个角落里充斥着录像厅，放着盗版的海外电影。我离开中国多年，许多关系都已经没有了，而在中国办任何事都要靠关系和人脉。回国探亲时，我和要好的老朋友们聚会，大家在一起也就是吃吃饭、喝喝酒、聊聊天、谈谈过去的事而已。好不容易找到电影制片厂的朋友，希望他帮我进入电影制片厂工作，人家批评我太天真。他说，他们自己都快没工作了，在自谋生路。那时候，几乎中国每个电影制片厂都在卖地赚钱养活职工。听了朋友的肺腑之言，我就像被浇了一盆凉水一样相当失望和沮丧。由此看来，我对中国的概念和认识还停留在我出国的1987年。当我踏出国门的那一刻，我的中国印象就被按下了暂停键。

有一天，我听到一个非常让人兴奋的消息。听说王超和贾樟柯都是用很低的成本（大概三四十万人民币）拍成了电影《安阳婴儿》和《小武》。他们拍的是独立电影，当时也叫地下电影，跟国营的电影厂没有任何关系，是体制外的一种电影。听到这个消息，我眼睛一亮，我也可以自己掏钱拍电影。我在德国打拼多年，四十万人民币我还是拿得出来的（七万德国马克就可以兑换四十万人民币），能用这些钱去实现自己的梦想，值了。

当然，我知道有这一点钱是远远不够的。摄影机一响，黄金万两，拍电影必须要有充足的后备资金。为了多准备一点儿资金，我立刻飞回德国闷头赚钱。我自己订了一个三年计划，三年后必须回国拍电影。

1999年回国，我去拜访了黄建新导演。我们交往挺长时间了，他一直关心着我。他说现在北影厂有一个培养青年导演的计划，需要十个年轻导演拍电影，他是监制之一。他问我有什么剧本，我说没有，但是我可以写一个剧本。黄导说，那你赶紧写一个剧本，我报上去，我来做监制。听了这个消息我很兴奋，立即着手搜集资料和素材。

很快，我受一则新闻启发，写了一个电影剧本，叫《残酷的爱》。故事讲的是，有一个单亲妈妈很爱她的儿子。她省吃俭用，拼命打工赚钱，唯一的想法就是让儿子能出人头地，考上好的大学，光宗耀祖。母亲严格规定，儿子在学习上必须名列前茅，如果他考在第五名之后，就要挨打挨骂。可是她根本就没有考虑过儿子的想法。这个学生根本不想上大学，他不忍心母亲长年累月辛苦操劳、节衣缩食，他想高中毕业后打工赚钱，回报母亲的爱。两个人想给予对方的都是爱，但是爱的标准和含义不同。儿子受不了母亲给他套上的精神枷锁，受不了学习的重负和高考的压力，母子之间发生了剧烈的冲突，儿子在反抗母亲殴打时误杀了母亲，导致精神崩溃。

黄导看完剧本，用不容置疑的口气告诉我，这个内容不行。尽管我解释这是根据一个真实的事件创作的。他仍然否决了，说根本不能通过审查。这个剧本就这样夭折了，我只好飞回德国，继续为梦想赚钱。

生活上以及其他方面与德国的巨大反差，让我很难在中国找到可以扎根的感觉。每次回国打算留下创业，可是待上一两个月就想赶快离开，回到德国去。而回到德国之后，待上一段时间我又觉得，要圆我的电影梦，就必须回国，我再次买机票飞回北京。每年我都在焦虑选择的状态下，在中国和德国飞来飞去，成了空中飞人。

跑了两三年之后，我觉得这样是不行的。这样的状态实际上两边的事情都做不好，都做不成。甘蔗没有两头甜，鱼和熊掌不可兼得，我只能踏踏实实选一头，要么留在德国，要么回中国发展。何去何从，我必须做出选择。

我给黄导做助手

2000年，黄导来信说，他要拍一部新片，预算不多，问我愿不愿回国做他的副导演。能得到他的邀请，我十分高兴。黄导是非常优秀的第五代电影导演，他那些充满黑色幽默的电影在中国影坛可以说是独树一帜，他的睿智给我留下了深刻的印象。我没有犹豫，立马飞回北京。

黄导要拍的这部电影原名叫《妈妈到了更年期》，也是一部黑色幽默的电影，是《黑炮事件》风格的延续。故事讲的是一个中年妇女在更年期遇到困惑，从而引发了一系列的家庭矛盾和婚姻危机。广电局觉得更年期有关女性生理，不雅，必须改名。这个电影后来改名为《谁说我不在乎》。

这是一部很好玩的电影，演员的阵容也很强大。男女主角是冯巩和吕丽萍，还有王志文、江珊、李小萌、罗湘晋和王劲松等人加盟。我担任演员副导演，从筹备开始一直干到后期。因为后期制作的时间比较长，我要回德国工作，就没有跟着做完。非常感谢黄导给了我在剧组实践的机会，这些经验对于我后来拍电影《盲井》，有非常大的帮助。

2000年，我回国给黄建新（右）导演当选角副导演。在剧组我跟他学到了不少的东西。

2000年时，我已经41岁了，第一次做演员副导演，也是唯一的一次。

在电影剧组里导演组的事情不好做，如果出现状况，导演就开骂，挨骂的当然首先是自己的助手。不管有什么委屈都得受着。不过黄健新导演对我较为关爱，我们毕竟是那么多年的朋友。应该说，他几乎没怎么骂我。黄导拍戏很认真，在拍戏的过程中，我认真地观察、学习。这部影片拍了大概四五个月，转战大连、西安等地。整个拍摄过程使我有了直接的感受和经验，也令我茅塞顿开，我知道了在中国拍电影都会遇到什么样的问题，具体是怎么操作和解决问题的。

我在剧组负责找演员，除了几个男女主角之外，其他的演员都是我负责寻找。在大连时，有一天正在医院拍戏，可是这场戏的一个特约女演员没按时来。我急了，马上打电话给她，问怎么回事。她接到电话就哭哭啼啼的，也不说发生了什么事情。我问清她所在的地方，马上派车去接她。因为我认为即使有天大的事，先到拍摄现场再说。司机把她接来后，她眼睛红红地告诉我发生的事情。我才知道出大事了，原来是我们剧组的一个实习生，在北京某著名大学读博士，他的名字我就不说了。他看上了这个女孩，就假借剧组的名义把她骗到宾馆，图谋不轨，却遭到拒绝。他不准女孩走，想霸王硬上弓，女孩拼命反抗。在关键时刻，我打电话催她到拍摄现场的电话响了。我的电话很及时，救了那个姑娘。我当时很气愤，也很吃惊。他不是北京名牌大学的博士生吗？怎么会这样呢？我赶快跟黄导汇报了。那个女孩子当时也很激动，要报警。黄导让我稳住她，先不要报警。因为这个事情只是未遂，何况冯巩、吕丽萍、江珊和王志文这些大明星都在剧组，媒体非常关注我们剧组的各种新闻和动向。一旦报了警，肯定就会闹得沸沸扬扬，八卦新闻会炒得一塌糊涂。我劝这个姑娘先冷静再做决定，毕竟冲动的决定未必是正确的。我表示会尊重她自己的选择。最后这个女孩儿选择了不报警。黄导立刻把那个博士生给开除了，让他马上离开剧组。我松了一口气，一场危机就这样化解了。事后我请那个女孩吃了一顿饭，感谢她对剧组和对我工作的支持。

一意孤行

李杨自述

电影《谁说我不在乎》剧组。右起：我，冯巩，李小萌，白晓妍，吕丽萍，黄建新，吴妍妍，李小萌的母亲。

剧组发生这样的事情，让我非常吃惊。在我的记忆里，20世纪80年代初的影视剧组好像没有这些乱七八糟的事，那时候的演员也没有什么特别的待遇。我和著名演员葛存壮老师、高宝成老师都合作过，他们是那么有名的演员，也没有什么特殊要求和待遇。葛存壮老师为人非常谦逊，我们俩在一个屋住过好几个月。那时候当演员整天琢磨的就是怎样把角色演好，没有别的想法。我不得不感叹时代变化太大，现在的剧组跟过去完全不一样了。有的人一定会觉得我少见多怪，会说，你们影视圈演艺界发生这样的事情不是很正常吗？其实每个剧组都是正人君子与龌龊小人共聚一堂。实际上，影视界的大部分人是正派的。当然有一些人会利用剧组的职位做一些乱七八糟的事情。其实害群之马在哪个行业里都有，恶人到哪儿都会作恶。

导演组在黄导的带领下，每天从早工作到晚。我们白天工作完，晚上还要看回放，讨论、修改剧本。每天都是别人已经休息了，我们还在精疲力尽地加班。即晚上出通告，白天执行通告。

电影《谁说我不在乎》顺利地拍完了，黄导让制片主任给我增加了几千块钱的酬劳。这出乎我的意料。对此我非常感激，同时也把这看成是黄导对我工作的肯定。我从德国到北京的来回机票都是自费。当时德国到中国的机票非常贵，只机票钱就差不多跟我这次的酬劳持平了。虽然这几个月我没有挣到什么钱，但是我觉得值了。因为我收获了许多宝贵的工作经验，这是花钱买不到的东西。

终于回国了

回柏林后，我一直在思考，留在德国还是回国发展？我又一次面临人生的重大抉择。在德国我已经有了稳定的工作，收入也不错，工作和生活环境、医疗和社会保障，都远远好于中国。如果回国发展，就意味着我要放弃在德国的生活与发展机会。我想，当年我怀揣着400美金都敢去闯天下，现在自己在银行的存款远远不止这个数字，怎么还犹豫不决呢？为什么我不敢回国去创业呢？我深知自己不需要过安稳的生活，安稳的日子会让我觉得无聊甚至窒息。虽然我已经四十多岁了，但是我还有梦想；虽然中国有着很多问题，但是也有着很多机会。我清楚地意识到，文化是有国界的。每一个艺术家的内心都有一个强大的母体文化做支撑。虽然我在德国生活学习了十多年，但是我仍然无法深层次地理解德国文化和传统，无法把握住德国人的脉。骨子里支撑着我的仍然是博大精深的中国文化和传统。如果我想要拍电影、想当导演当编剧的话，最最理想的地方就是中国。因为这里有我的根，有我熟悉的人。以前出国留学是为了了解外国，学习外国先进的东西，与世界接轨。现在为了实现自己的电影梦想，我就必须回国，重新与中国接轨。很快，我就做出了决定：回国，圆梦。

2001年初，春节前，我准备回国。我的行李总共装了十五六个大箱子。我的朋友冯燕过去是中国国际航空公司的空乘人员，她答应帮我免费托运一些行李。冯燕看到我的行李，非常吃惊，她知道我是个穷学生，就帮助我减免了行李运费。我特别感谢冯燕，是她让我占了中国国际航空公司的便宜。我顺利地走出海关，登上飞机，望着窗外蓝天白云下的法兰克福机场，心情十分复杂。自从我第一次踏出国门，在德国经历了风风雨雨，有欢笑，也有悲伤，有成功，也有失败。从28岁到42岁，整整十四年，我把最美好的青春年华和记忆都留在了德国，这里可以说是我的第二故乡。飞机缓缓起飞，别了，日耳曼的山川大地，别了，美丽的莱茵河。飞机载着我飞向北京，开始了又一次征程。

　　回国之前，我已经托北京的朋友帮我租好了房子，是农业部的家属楼。院子里很干净，住户也不杂。我当时虽然有钱，但没敢租大房子，也没有买车，因为那些钱都是为拍电影而准备的。我租了一个一室一厅的房子，虽然有一点儿小，但是我已经十分满意了。而唯一不足的是房间里的空调是镶嵌在窗户上的一体机，一开空调跟开拖拉机一样，声音特别响。值得安慰的是，房子的地理位置非常好，坐落在东三环旁边的麦子店街，离长城饭店也就500米，走不了多远就是燕莎友谊商城，那是当时北京最贵的最高档的商城之一。"买东西到燕莎"，是当时流传的关于北京四大傻帽中的第二大傻帽。燕莎友谊商城一楼有一家德国饭馆，里面有地道的德国啤酒和烤猪肘子。我偶尔想念德国的时候，就去那里喝一杯德国大麦啤酒。

　　我安顿妥当后，就联系了我的一个朋友。他是从事摄影行业的，是我出国前一个要好的朋友。出国时我的很多东西都寄存在他那里。家电、地毯和洗衣机，包括当时很时髦的立体声双卡录音机，我都统统送给了他。我唯一的要求就是让他保留好我的书。这些书都是我出国前省吃俭用，一点一点攒下的，有好几大箱子。可是当我找到他的时候，他竟然告诉我，那些书被当破烂卖了。我当时就发火了。

我特别心疼那一批书，它们是我梦想起飞的基石，是我青春时光的亲密伴侣和努力拼搏的见证。那是20世纪80年代初期翻译出版的一批质量非常好的国外文学、历史、哲学、社会学和电影方面的图书。有一些书现在再也找不到了。

我把他臭骂了一顿后，从此不再往来。我一向是不会跟朋友绝交的，但是义气和友情应该建立在双方彼此尊重的基础上，可是他却没有做到。以前我每次回国探亲，都会请他吃饭，送他礼物。他要是嫌我的书占地方可以跟我说啊，可是他却从来都没有跟我说过这件事。这是我回国之后遇到的第一件伤心事。

回国后，结识了两个同样有电影梦的朋友。一个是陈大明，他是电影学院学表演的学生，后来去了美国。另外一个叫陆威，现在改名叫陆一同。陆一同是学画画的，从法国回来不久。他父母都是煤矿文工团话剧团的演员，跟我的童年经历很相像，也是文艺大院长大的子弟，从小受父母和话剧团的熏陶。他在法国生活多年，回国后，他也想拍电影，当导演。陆一同的妻子是法国人，却能讲一口地道的北京话。他们住在麦子店街的一个外交公寓里，楼下有个篮球场，离我住的地方很近，只几分钟的路程。我们三个人都做着电影梦，又都喜欢打篮球，可以说是臭味相投。我们经常在一起打篮球、一起喝酒、聊天、看电影、聊电影。谁看了什么好小说、好电影，都会毫无保留地与他人分享。我们到处淘盗版电影DVD，碰到好的影片就一起欣赏讨论。虽然我不赞成盗版，但我还是以比较宽容的态度来对待。在一个信息相对闭塞的社会，电影审查制度又极其严苛，想看国外的电影很难的情况下，只能通过地下的非正常渠道来获得。而我们需要通过观摩其他国家的优秀电影来学习和提高。不少人正是通过盗版的渠道才看到我的电影《盲井》和《盲山》，当然这些都是后话。

我们之中最先实现电影梦的是陈大明，他写了一个电影剧本叫《井盖》，并且找到了投资，他开机的时候我和陆一同去祝贺。后来我拍了《盲井》，两年之后，陆一同也拍了他的处女作《武松打我》。到现在我还怀念我们一起喝酒、打球，一起聊电影、文学和艺术的日子。

买下《神木》改编权

我想找到一部合适的小说改编成电影，就在朝阳区图书馆办了一张借书证，买了一辆自行车，没事就骑车去那里看书。我遍览《当代》《十月》《收获》《大家》等文学杂志，每当读到好小说，就有改编成电影的冲动，但都不适合做低成本电影，只好放弃。

正在我焦灼寻找时，我的大学同学胡小叶给我提供了线索，有一部写煤矿生活的中篇小说，题目是《神木》。但他手上没有，也忘记刊登在什么文学杂志上了。

我立刻骑上自行车去了朝阳区图书馆，那应该是2001年的初夏，天气已经有些热了，图书馆里看书的人不多，还有空调。我不厌其烦地翻检各类杂志，终于在2000年3月号的《十月》杂志上找到了这部小说。刘庆邦老师的这部纪实小说深深地打动了我，我一口气将它读完。阅读《神木》时，我特别能体会元凤鸣的心境。他是农村的孩子，家里很贫穷，他打工赚钱，仍然自强不息，想完成学业。虽然社会险恶，但是他却始终相信人间的善良。《神木》对人性的善与恶，对人性的纠结和挣扎，对金钱与道德、邪恶与善良的描写，是非常深刻的，这也正是我想通过电影表达的东西。

找到《神木》，好像淘到一个宝贝，我把它藏在抽屉里，故意不去碰它。过了两天，拿出来再次阅读，它依然能打动我。我心里说，就是它了，就决定立刻买下《神木》的影视改编权。

我通过杂志社的编辑找到了刘庆邦老师的电话，我们约好第二天中午两点钟见面。刘庆邦老师在《中国煤炭报》担任文艺副刊的主任，为人谦和，平易近人。我们在报社路边找了一家小饭馆，要了一盘煮花生米，一盘拍黄瓜，一盘拌豆腐丝和两瓶冰镇啤酒。

我坦诚地谈了我的经历和愿望。刘老师很赞赏我的想法，但又不无担心。他的担心是有道理的。他曾经通过朋友把《神木》推荐给第五代的几个大导演，可大导演们都没兴趣拍这个题材。因为小说写的是煤黑子，最底层的煤矿矿工，里面没有女主角。场景又不在城里，拉不到赞助，也不能植入广告。大家都认为这是一部好小说，但拍成电影肯定是赚不到钱的。刘庆邦老师把他的担忧十分直率地告诉了我。但是我的态度十

~ 81 ~

分坚定。我告诉他,准备用我在德国苦苦打拼攒的钱来拍这部电影。虽然我名不见经传,但是我有信心把它拍好。我向刘老师承诺：如果我五年内不拍,版权就还给你。刘老师非常友善,支持我拍,改编费要得很合理。我当时就从包里掏出了事先准备好的合同和几叠现金摆在他的面前。他惊了片刻,看了看我,又拿起合同看了看。我说,刘老师,我是真心实意地想与你合作。你要是觉得合同有什么问题的话,我们马上就可以改。他表示没有异议,满怀深情地握住我的手预祝拍摄成功。我们立刻签了合同,举杯庆贺合作成功。

买下改编权的第二天,我拔掉电话线,把手机调成静音,用耳塞堵住耳朵来屏蔽轰鸣的空调声。改编剧本的过程较为顺利,每天我从上午吃完早点开始,一直写到夜深人静。大约用了十五天时间,一口气把第一稿写完了。当时起的名字不是《盲井》,而是叫《黑雪》。

我把剧本扔进抽屉,出去放松了几天,故意不去看它。等我从兴奋中冷静下来之后再读剧本,就觉得自己写的特别苍白,根本不如原小说有味道。我不过是把小说描述的故事、人物、场景,通过写作技巧转化成电影语言,剧中人物的对话,无非就是从小说中照搬过来的句子,长的改成短的而已。生活气息不浓,人物不够鲜活,剧中人物和情节缺少真实的鲜活的细节和味道。因为我的家庭背景和生活经历,我对矿工和农民工这类底层人的生活没有一丝丝了解,对小说中原有的那种浓郁的生活气息也没有切身的感受和体验。我根本就创作不出原小说描写的那种生活的味道和神韵。怎么办？

李杨自述

在煤矿的种种经历

我感到十分沮丧,写不下去了。因为我不知道在家里应该怎么对付这个剧本。只好把它先扔到一旁。去到我家附近三里屯的酒吧,和朋友喝酒侃大山,消磨时间。我租住的地方是当时北京城非常奢靡的地方。著名的夜总会"天上人间"、著名的洗浴中心"百金瀚"都在附近,我每天回家都要路过。一到夜晚,这里霓虹灯交相辉映,灯红酒绿,美女豪车川流不息。有一天夜里,我从家里出来吃宵夜。看着那些袒胸露背的姑娘搂着有钱人从我身边经过,她们操着携带各种地方口音的普通话与男人打情骂俏。我在想,她们是哪个地方的人?虽然她们现在打扮得如此光鲜亮丽,但是她们来北京之前原本的生活到底是什么样子呢?如果我要在剧本里创作这样的人物和她们的生活的话,应该怎么入手呢?《盲井》里的妓女小红不就是她们中的一员吗?我站在马路旁愣愣地观察着她们。突然,我的脑海里闪现出自己刚刚来到北京时的情景。我到国家话剧院学习表演上的第一课就是观察生活、体验生活。为了逼真地扮演角色,创造人物形象,老师要求我们必须到现实生活中去体验和观察。演工人就去工厂,演农民就去农村劳动,演饭店服务员就去到饭店端盘子。通过亲身体验和观察来了解和走进被创造人物的生活。著名戏剧家曹禺先生为了写出好剧本《日出》,就曾经多次化装去妓院体验过。想到这里,我一下子茅塞顿开,终于找到了解决剧本问题的方法。第二天,我就向刘

~ 83 ~

庆邦老师求救，让他帮忙安排我去小说里描写的私人小煤矿体验矿工的生活，同时我也想看看外景，找合适的拍摄场所。

过了几天，刘老师打来电话说，安排了他的学生谈志学陪我去矿区。当时无论是国营煤矿还是私人小煤窑，没有熟人根本进不去。他们的行业保护意识非常强，防盗、防火，更防记者。在刘庆邦老师的帮助下，我了解矿区、了解小煤窑、了解矿工生活、了解事实真相的通路一下子打开了，有熟悉煤矿的谈志学陪同，事情就好办多了。

我和谈志学从北京西直门火车站（现在叫北京北站）出发，一路往北，踏上观察、体验煤矿生活的旅程。我们计划先去河北、山西，然后从山西到内蒙，从内蒙再到宁夏，到宁夏后，又返回转而进入陕西、河南，最后返回北京。这趟旅程结束，北方的产煤大省我们都接触到了。

我们坐的是慢车，即绿皮火车。那时天气非常热，没有空调，热浪从车窗涌进来。我坐在车厢里那黄黄的木椅子上，好像回到了20世纪80年代，那是一种久违了的既陌生又熟悉的感觉。谈志学是《中国煤炭报》东北某个记者站的记者。他身材魁梧，是个有正义感的热心人，身上透着东北汉子的豪爽和干练。一路上他跟我聊了很多关于煤矿的事情。

火车才开了十几分钟，窗外的风景就已经不一样了。窗外闪过的都是一些破旧低矮的房子，荒凉而凋敝。我一时不敢相信自己的眼睛，这可是北京的郊区啊，怎么一点儿国际大都市的味道都没有。特别是与我租住的地区相比，完全是两个世界。改革开放都这么多年了，我们城乡之间的贫富差距依然这么大。欧洲国家的乡村美丽如画，城市周边的村镇都是最好的地方，有钱人都选择住在城市周边的郊区，而不愿意住在城里。可是我们的城乡接合部却完全是另外一种样子。

车厢里人很多，坐慢车的大都是普通百姓。车里飘浮着浓浓的汗臭味、大蒜味儿、劣质烟草味儿和方便面的味道。人们高声喧哗，一边吃着零食一边操着方言交谈，瓜子皮、烟蒂、果皮、啃剩下的鸡脚和猪蹄，都随手扔到地板上，有的甚至一甩手扔出窗外。我感到愤怒，车厢两头都有垃圾箱，为什么就不能抬抬屁股走几步把垃圾扔进垃圾箱呢！列车员大概已经习惯了这一切，她熟视无睹地穿行在车厢里。厕所刺鼻的臭味儿也让人难以忍受。我每次如厕都要先憋一口气，然后才敢冲进去。

我大口吸着窗外的新鲜空气，让自己慢慢地平静下来。中国百姓就是这样生活的，这才是他们真实的生活状态。我只有不嫌弃他们，才可能消除我们之间的文化隔阂，他们才可能接纳我，让我走进他们的生活。为了拍成这个电影，受多大的罪我都必须忍。有意思的是，当我放弃了高高在上的精英视角和立场之后，忽然觉得乱糟糟的车厢，充满了刺激气味的厕所，那些不修边幅大声说话的男男女女也并不是那么难以忍受了。由此看来，一个人所站的立场和看问题的角度决定了他对于事物的认识和感受。

傍晚时，我们在一个小站下了车。谈志学的一个朋友接上我们，开车赶往县城。按照谈志学的嘱咐，我是他的朋友，没见过煤矿，跟着他一起出来玩玩转转。他让我尽量少说话，多听多看，且一切听他的安排。因为煤矿主和官员都非常敏感，特别怕上面的人伪装身份下来明察暗访。我的身份在这一次考察中变换了多次。有一次，我甚至还成了一个对煤矿感兴趣想买煤矿的老板。好在我有当演员的功底，谈志学怎么介绍，我就怎么配合。谈志学的安排起初我并不以为然，只是在经历了一些事情后，才深深地体会到他的良苦用心，他这么做对于保护我们的安全是多么的必要。

谈志学在当地很有面子，他的朋友都知道他是煤炭报的记者。煤炭报是煤炭部的机关报，作为记者，他经常到基层煤矿采访。出了事故，记者怎样报道就十分关键了。因为记者有权写内参，记者怎么写报道，上不上报，曝不曝光，往往关系着一个煤矿的命运。煤矿主和领导对记者是又爱又恨，同时也愿意跟记者交朋友，他们希望在关键时刻，记者可以笔下留情多多美言，所以他们对记者都是很客气的。而记者也需要有朋友及时通报基层的消息，需要朋友在采访时保护他。常言道：多个朋友多条路。中国是非常讲究人情世故的国家，很多事情靠文件和行政命令往往行不通，但是有了朋友关系就能顺风顺水。谈志学的酒量相当不错，替我挡了不少酒。在中国，酒是情感润滑剂，它可以迅速拉近两个陌生人的距离，正所谓"感情深，一口闷；感情浅，舔一舔"。喝酒的的确确是我的短板，稍微喝一点儿就不行了。看来我永远在中国的关系学里交不到如此"感情深"的朋友了。经过一路颠簸，加上我喝了一点点酒，晚饭之后，我就回宾馆睡了。

第二天，谈志学要带我去国营矿参观。我说：最好不要去国营矿，我想去看一下小煤窑，最好是在山里的小煤窑。于是他联系了一个山沟里的小煤窑，矿长和谈志学是朋友，亲自开车来宾馆接我们去参观他的煤矿。矿长很憨厚很热情，看上去到煤矿采访时，当我了解工人们住的地方竟然是这样的地窝子，心里非常难受。

就像一个普通农民，让人怎么也联想不到他是千万富豪。像这样的私人小煤窑，如果不是朋友关系，外人根本不可能进去，就算是拿着煤炭部盖着公章的红头文件都没用。

2001年，煤炭行业还没有那么火，一个小煤矿，市价也就一千万左右，甚至五六百万就可以买到。那时能有这么多钱已是资产雄厚的老板。可是看到那些老板的穿着打扮以及他们的办公室时，我吃了一惊，完全和想象的不一样。他们穿的是山寨西装，办公室十分简陋。墙上挂着的十几二十个盖有公章的各式各样的许可证，引起了我的注意。煤矿老板说，你知道吗，少一个章少一个许可证都不准开业。而且每年有年检，年检通不过就封矿。逢年过节的时候，各个部门的人都会来煤矿视察工作，其实就是来打秋风。

墙上挂的县畜牧局颁发的卫生检疫合格证使我很是惊讶，我问，这和煤矿有关系吗？老板说，当然有关系，因为煤矿需要骡子和驴运输，而骡子和驴可能会生病，所以开煤矿也必须办这个证。我说，他们真的会来这里给牲畜做检查吗？老板用充满嘲讽的眼神看着我，笑了。

我和煤老板聊天，提到有些犯罪分子在矿上谋杀矿工，然后假装死者亲属敲诈煤矿主。煤老板说，他听说过这种事情，但是他们没办法判断死者亲属是真还是假。那时候，小煤窑几乎每年都会出事故。一旦矿工死伤，煤老板在第一时间是想办法掩盖事实真相，然后迅速花钱私了，这是最划算的。按照规定，一个矿死三个人以上，马上封矿停产整顿。等整改好了，还要每个部门重新审批验收，盖章同意，才允许煤矿重新开始生产。一旦煤矿停产检查和整顿，每天都要损失十几万，甚至几十万。这就是他们拼命掩盖煤矿事故的真正原因。煤老板们不会追究死者的家属是真是假，他们宁可花钱了事，息事宁人。煤老板给钱，亲属把尸体领走处理了，双方一刀两断。犯罪分子正是利用了煤老板不敢报案，只愿花钱消灾的心理进行敲诈，成功率还特别高。

初读《神木》时，我觉得他们没有人性和良知。可我参观了几个煤矿，了解情况之后，对那些煤老板，除了憎恨之外，又多了一份同情。后来创作剧本，我并没有把煤老板写成内心中只剩下恶毒的人。

我采访的第一站就给了我相当大的震撼，同时也增加了我的信心。通过深入采访，我知道了煤矿真实的行业生态和人文生态。

离开这个煤矿之后，我们继续往北走，到了山西境内。这次，我不仅要了解煤矿和煤矿工人的生活，还要找到适合拍摄的地方，特别是事故率低、相对安全的矿井。另外，拍摄的地方也不能离县城太远，因为如果离县城太远，每天花在路上的时间太长，会影响拍摄进度。

那些地方没有高速公路，路上堵得厉害，每辆车都是走走停停。路上行走的大部分都是运煤的大卡车，车上的煤，堆得冒尖。我们的车夹在运煤车中间慢慢地往前移动。

到了公路检查站，我才知道堵得这么厉害的原因。因为通过这里的所有运货车都必须在路边一个检查站过磅，并检查是否超载，证件是否齐全。要是超载，交警就会立刻罚款。司机拿不出钱，就把超载的车开到旁边的煤场，卸下一部分煤代替罚款。那个煤场的煤堆成了一座山。

山西的确是产煤大省。我想，远古的时候这里一定是水草丰茂的原始森林，要不然这里怎么会有那么多的煤呢？可是，现在这里变成了一望无际的黄土高坡，荒山秃岭、花鸟绝迹、水流稀少，极其荒凉。这里的人们生活都十分贫困，每年收割的粮食根本不够吃。幸亏这里蕴藏着貌似取之不尽的煤，支持着他们生存下去。

　　矿工们大都来自农村，他们在煤矿的生活同样异常艰辛。他们住的往往是窑洞或者是地窝子，能住到房子的人很少。地窝子就是在土坎上挖一个坑，上面搭上顶棚，前面做一个门。"屋子里"到处是黑黑的煤尘，他们的被子、褥子上落满了黑煤灰。要睡觉时，他们只是把煤渣抖一抖，躺下就睡，只要不硌着就行了。煤矿的水含有大量的有毒矿物质，不能用，工人的生活用水都要买。为了节约，他们基本上不洗澡，用水擦一擦完事儿。他们每天下井去挖煤，干完活上来之后，就是吃饭、喝酒、睡觉。就这样日复一日。月底发了工资，就到城里把钱寄回家，然后喝酒找妓女鬼混。矿工跟我说："我们就是一块肉，是几块石头夹着的一块肉。"这句话敲打着我的心，唏嘘不已：他们不把自己当成一个生命。过一天算一天，今天下去挖煤，明天不知道还能不能活着从井下爬上来。我问他们，在煤矿工作如此艰苦和危险，为什么还要在这里干活。他们回答说，挖煤赚的钱比其他工作多。他们拼命赚钱就是为了让家里人能住上砖房，过上好日子；他们宁愿冒着生命危险也要给孩子挣学费，让他们上大学，摆脱贫困，摆脱当农民的命运。后来创作剧本时，我把这些东西加了进去。我塑造了两个图财害命的杀人犯，不是概念化地把他们描绘成单一的坏人。他们也是人，他们有自己的苦恼，也有自己的理想。他们希望孩子不要像自己一样受苦，希望孩子好好学习，考上大学，过上幸福生活。

　　谈志学带着我，一路上看了不少煤矿场地，但是都不适合拍电影。我们就从山西到了内蒙，走戈壁滩，又坐车到了宁夏。这一路上特别荒凉，越往北越荒凉，植被也越少，满目疮痍。我看到的就是人类野蛮的粗放式的开发对大自然的破坏。大量的煤矿开采造成了水的污染，造成了植被的稀少。人类把整个山，把大地挖成了一块一块的窟窿，特别是内蒙的露天煤矿，原本水草丰美的大草原被改造成了月球的表面，到处是一个一个的大坑。设想，如果在高空拍摄，这个地方肯定不像地球。树都被砍倒了，大地裸露出泥土和沙尘的颜色，"天苍苍、野茫茫，风吹草低见牛羊"的景象，不复存在。这里再也不是风吹草低，而是土地严重沙化，风吹飞沙走石，形成了沙尘暴。为了赚钱、为了GDP的增长，我们对大自然的掠夺，对大自然的破坏，导致了严重的生态灾难，我们该怎么对子孙后代交代呢？中国美丽的山川河海被破坏得满目疮痍，谁来承担责任？难道不知道对大自然的破坏会给人类给中国带来更多的灾难吗？而挖煤矿赚的那点钱，远远不够去修复大自然，远远不够去弥补给人类、给中国造成的巨大损失。这一路上我所看到的种种景象，让我觉得十分感慨也非常无奈。

在前往宁夏的路上，我们遇到了沙尘暴。这是我第一次遇到沙尘暴。风很大，天色突然暗了下来。远方沙尘风暴就像一堵黑压压的直达天际的高墙；它滚滚而来，速度极快。我们开的是一辆越野吉普车，车被吹得来回地晃，风沙拍打着车身，发出噼噼啪啪的响声。风越来越大，能见度越来越小，十米开外几乎看不见任何东西。我们只能把车停在路边，等沙尘暴过去了再继续前行。我们的车摇晃得像大海里遇上风浪的船，让人感到恐惧。大家都害怕车子会被吹翻，每个人都陷入了沉默。幸亏我们是在车里，如果我们在路上行走时遇到这样强劲

一意孤行

在小煤窑打工的农民工。他为了养家一天要干十几个小时。

的沙尘暴,很可能会窒息而亡。我们坐在车里等了很长时间,风沙渐渐地小了,这才慢慢地开向银川。看着车窗外的漫天黄沙和茫茫无尽的荒漠,我非常难受,一种苍凉感笼罩了我的全身。听生活在这里的老人说,几十年前这里并不是这个样子的。这一切都是人为造成的。人类破坏大自然,大自然也会报复人类。沙尘暴就是大自然对人类的警告

和惩罚。

到银川后，谈志学突然有事情，便提前返回东北了。之后我又去了陕西的铜川。铜川也有很多煤矿。经朋友介绍，《铜川日报》的一个记者陪着我到一些小煤窑参观。一路上，我大概下了二十多个矿井，寻找适合我心目中的取景地。

为了去井下拍摄，我还专门去北京矿院买了有关煤矿的书，了解到一些煤矿的安全知识。矿井最容易发生三大类灾难：瓦斯爆炸、塌方和透水。

为了避免拍摄时发生事故，首先必须选择一个低瓦斯的煤矿，最好是在侏罗纪时期形成的煤层，因为那时候生成的煤品质非常好，瓦斯含量特别低。二是拍摄地点一定要离逃生通道近，这样会相对安全。三是要多聘请安全监督员。几十号人井下拍摄，安全绝对是第一位。所以，在选择拍摄地点时，我都要亲自去考察一番，看看拍摄场景是否合适、是否安全。由于我的拍摄经费不足，许多事情我都必须亲力亲为，尤其是安全问题，不能有一点儿马虎，再则，交给他人我也不放心。

这一趟深入煤矿的考察，我亲身体会到了煤矿工人极其恶劣的生存状态，看到了中国底层社会的真实情况。我应该通过电影反映出来，让更多的人了解中国在改革开放和经济发展过程中遇到了什么样的问题，付出了什么样的代价。

回到北京后，我觉得自己除了要实现电影梦之外，还肩负起了一种责任和义务。这部电影已经不是可拍可不拍的了，而是我有义务拍出来，必须拍出来。我一定要用电影形式尽量真实地把这一阶段中国的现实和中国人的生存状态反映出来，进而记录下这个时代的故事。无论遇到什么困难，我都必须完成这部电影。

在这部电影里，我并没有毫无选择地去展现自己所看到的、所听到的黑暗现实，因为我不想用电影去贩卖黑暗、落后和苦难。我要讲的是人的故事，展现人们在这种生存条件下的生活状态。我想要表现人的生活，人们的欲望与烦恼，人性的善与恶、纠结与挣扎、多面与复杂。通过这些生活在贫困线上的人的故事，折射出这个时代这个社会光怪陆离的影像，展现真真实实的中国现实。我通过揭露和批判当今社会中的某些阴暗和人性中丑恶、贪婪、自私和凶残的一面，来彰显人性中的善良和仁爱的光芒，以及社会中光明温暖的一面，套用我的好友、已故诗人顾城的一句诗："黑夜给了我黑色的眼睛，我却用它寻找光明。"

通过这次近距离与矿工们的接触，我身上的那些各种各样的不适应消失了。我可以真正地从他们的角度去思考他们的生活、欲望、情感，以及喜怒哀乐。找到了这些，就找到了《盲井》这部电影的核心所在，这也正是我一路上都在寻找的东西。

这次下煤矿调研和体验生活让我在改编剧本的思路上发生了重大的转变。原来我的改编重点在于编剧技巧，即尽可能完美地把文学描述变成电影叙述，把人物的内心世界外化成电影语言，让情节打动人，让故事更加具有戏剧冲突和张力。经过对煤矿和矿工的全面了解之后，我的创作重点放在塑造人物上，对于两个杀人犯，元凤鸣、矿长等人，我都抱着理解甚至同情的态度去描写和塑造他们的形象。我要走进他们的内心，去表现他们内心的挣扎，探寻造成他们行为的深层心理原因和社会因素。打开了思路，我突然就找到了改编的方式。于是，我重新对小说进行了改编。由于胸有成竹，再次创作我得心应手，仅仅十几天，第二稿就完成了。我一边打磨剧本，一边筹建剧组。虽然我踏足差不多半个中国，探访了二十几个煤矿，却仍旧没有找到合适的拍摄地。我们是低成本电影，只能在一个地区拍摄，不能转景，否则就无法在预算之内完成。同时，电影的场景又不能像电视剧一样简单，找到各方面都合适的拍摄地点就更不容易了。

逃过一劫

我的一个朋友，人称胖子，他认识山西某县的副县长，副县长和胖子的名字我不便透露。那里有山，有煤矿，县城里还有老式建筑，这些都同我心中的拍摄地相似。我决定马上去那里看景，还邀约朋友李大个子陪我一起去。李大个子是个警察，人很仗义，为我倒休了两天。租了一辆车，我们一行四人直奔山西。

通过胖子引荐，我们拜会了该县的副县长。副县长人挺好，性格豪爽，又是电影粉丝，喜欢跟文化人打交道。我们请他吃饭。饭桌上，他打电话联系了一个煤老板，事情就搞定了。

不一会儿，一个叫老二的煤老板赶到饭馆。饭后，老二领着我们一行人来到他的煤矿。我们到了一个山坡上，这里的沟沟坎坎一望无际，黄秃秃的一片，根本看不出有煤矿。老二抬手往前一指，我叫他们等我，就独自往老二所指的方向走去。我带着小型的摄像机和照相机，走了一段路，到了山崖边。往下一看，沟壑里有一个煤矿，有骡子、毛驴拉着煤车进进出出。荒芜的黄土地下面，是一片巨大的煤海，只要挖一个矿洞进去，就可以发现煤。我觉得这个小煤窑比较符合我的要求，就找角度不停地拍摄。拍着拍着，羊肠小路上突然开过来一辆摩托车，上面坐了两个人。他们停下来看了一会儿就走了。不久，又有两个人骑着摩托车开过来，停在我身边。其中一个人问我："干什么呢？"我说："没事儿。看看，拍点儿照片。"这两个人又开车走了。我正感到奇怪，手机响了。胖子让我快回去，说出事了，语气十分焦急。我赶紧爬上坡，还没跑到停车处，就看见七八辆车把我们的两辆车团团围住，传来乱糟糟的争吵声。到了近前，只见来人个个杀气腾腾。副县长急忙把我拉到一边，悄悄说："你千万不要说你是记者和拍电影的，就说是来玩的，打兔子的。"我说："放心吧，我明白。"其实我当时一点儿都不明白，也不知道发生了什么事情。

他们问我是不是记者，问我为什么录像。我说，我刚从国外回来，因为爷爷和父亲都是山西人，我回来寻根，拍点东西给他们看看。胖子悄悄告诉我，他们看见我在小煤窑顶上录像，认为我是北京来的记者，是来这里暗访的，他们根本不会相信我的解释。

副县长一直在跟他们交涉，双方吵得不可开交，说的是当地土话，语速又快又急，我根本听不懂。而煤老板老二蹲在一边耷拉着脑袋抽烟，我的其他朋友也站在一旁不敢吭气。刚才骑摩托的四个人和其他的人拿着棍棒，还有一个人掀开汽车后备箱，拿出猎枪，全都虎视眈眈地盯着我们。副县长不停地打电话，接电话，大家好像都在等待他的谈话结果。我从副县长的表情判断，他一定是在与比他官大的人交谈，他的话在这里显然是不起作用了。我脑子飞快地转，思考着如何让我们安全逃离。

我心想，你们既然这么害怕记者，我索性就用记者这张虎皮来吓唬吓唬你们，反正你们也摸不清我的底。我突然大吼了一声："你们吵什么吵？"我的声音一下子把那些人震住了，他们都呆呆地望着我。我对他们说，我是留学生，刚刚从海外回来，业余爱好摄影，这些照片你们都可以删了。我不是记者，但我是北京广播学院八五导演班毕业的，中央电视台，包括东方时空、焦点访谈的记者和领导中，都有我的朋友和大学同学。不信你们可以去查。我说了好几个著名主持人和制片人的名字。这倒不是在骗他们，我是真有这样的朋友和同学。我当众拨了一个大学同学的号码，他在中央电视台一个重要部门工作。我对他说了我现在的处境，我同学立刻就明白是怎么回事情了。我对那些围困我们的人大声喊道，你们谁是头儿？我的好朋友大学同学，中央电视台的领导要跟你们的头儿说话。我环视了一下，把电话递给那个刚才闹得最凶的人，那个人犹豫了半天才接过电话。他听了一会儿说："我们没有扣他们，是误会了。他们可以走。"当时中央电视台的《东方时空》和《焦点访谈》等栏目因为敢于替老百姓说真话、敢于揭露黑暗的真相，成为了全国最火爆的栏目。知道了我和中央电视台的关系，他们的态度立刻有所缓和。那个人走到一旁打了一通电话之后，就允许我们离开了。我的这一招"狐假虎威"奏效了。我和朋友们坐进车里，汽车开动了，我才终于松了一口气。

我们开往县城，但是危险并没有解除，他们随时可以收拾我们。在这过程中，他们如临大敌一般，我们前面有车领队，后面有押车。在每一个路口，不是停着摩托车就是停着轿车。车边站着一两个人，手拿对讲机通报我们的行踪。我心里虽然很紧张，但想缓解气氛，就对大家说："瞧这前呼后拥的，我们享受的可是总统待遇啊！"胖子说："你快别扯了吧。要不是副县长和李大个儿在这儿镇着，他们把我们哥儿几个做了，埋到山沟里，根本就不会有人发现。"大家的心情更沉重了。

我们被变相押送着，沿着蜿蜒的山路缓慢前行。望着窗外沟壑纵横、荒无人烟的山峦，我脑子像一团乱麻，根本理不出头绪来。突然，我性格中的顽皮劲儿蹿了上来，想要恶搞他们。我让小张停车，拉开车门就跳了下去，跑向山崖边。后面尾随的车辆也纷纷紧急刹车，车上的人也赶紧下车，跟着我跑。看着他们追过来，我停了下来，若无其事地往山坡下撒尿。他们只好停下来,也站在那里假装撒尿。我又跑回车里,让小张马上开车。看着他们跟在我后面跑来跑去的滑稽样子,我感到非常好笑。

一小时后,我们终于到了县城。看到城市,看到人,我的心里踏实多了,但是那些人仍然不远不近地跟着,危险并没有彻底解除。看这局面,恐怕只有走到北京地界,才可能真正的安全。副县长一路上不停地接打电话,不厌其烦地反复解释,说我不是记者,真的是业余摄影爱好者。听到他受到县长、县委书记的严厉训斥,我很歉疚。我真诚地感激他,给他道歉,同时向他告别。可副县长死活不让我走,说天晚了,无论如何都要吃了饭再说。见我一再坚持要走,他才说了实话。原来,事情并未解决,若我一走,事情会弄得更复杂,局面更不可收拾。要走,也得等事情摆平之后。副县长带我们到当地最好的一家宾馆,进了餐厅的包间。我们刚坐下,那些护送我们的人手提棍棒乱哄哄地冲进大厅,把包间外的几张桌子都坐满了,正在吃饭的客人看到这个阵势,吓得慌慌张张地逃走了。看来,事情确确实实很严重,为什么会弄成这样呢?

我故作镇定地点了一大桌菜和一瓶白酒。虽然平时我不怎么喝酒,但是现在我必须喝点儿酒壮壮胆。我们假装看不见外边,喝酒吃饭,聊着无关痛痒的话题。说实话,这满满的一桌菜,我根本没有吃出任何味道来。副县长一直心不在焉地闷头喝酒,不一会儿,他的电话响了。他看了看手机,出去接电话。约摸十分钟后,他走回包间,说县委书记和县长都来了,他要去汇报情况。我说:"那好,我去请他们来吃饭,当面把事情解释清楚。这件事跟你没有关系。"副县长说:"放心吧，我会摆平的。你们先吃饭。"说完，他匆匆走出宾馆，上了一辆黑色的奥迪轿车。

吃完饭，我们心惊胆战又焦灼不安地等待着副县长的消息。包间的门开着，外面仍然剑拔弩张。那些人也吃了饭，嗑着瓜子聊着天，同时恶狠狠地盯着我们，丝毫没有离开的意思。晚上九点多，副县长仍然没有回来，也没有电话。我们被困在包间里，像待宰的羔羊。后来我急了，不能再傻等下去，必须想法自救。来的时候，小说《神木》的作者刘庆邦向我介绍了《中国煤炭报》当地记者站的一个记者，从北京出发前，我曾经跟他联系过。那个记者很爽快，让我有事就找他。我给那个记者打了电话，讲了我们的境况，请他帮助沟通协调。接着，我又给副县长打电话，请他转告县委书记和县长，说明我们的危险处境，请求保证我们的生命安全，并派人送我们出县境。我跟他说，我已经给在中央电视台的大学同学和好朋友、《中国煤炭报》和其他媒体的朋友们都打过电话了，他们都十分关心我们的安全。其实，除了给煤炭报的记者打了电话外，我并没有打过其他人的电话。不知道是我的话起了作用，还是煤炭报记者疏通的原因，晚上十一点多，副县长回来了。他很客气地解释，因为县常委临时开会，耽误了我们的行程，并表示想跟我交个朋友，希望今后到北京得到我的帮助。我满口应承。

在副县长的陪同下，我们穿过虎视眈眈的人群，走出饭店。

一路上黑灯瞎火，大家依然很紧张，不知道还会发生什么事情。好在副县长派车护送我们，直到出了县境，见我们安全了，那辆车才掉头返回。我们连夜驱车狂奔，到北京的时候已经是清晨了。这时候，我们才真正地松了一口气。车窗外的天空渐渐亮了，黑暗慢慢退去，大地的尽头飘着一抹朝霞，真美。

后来我才听说，这件事情远远要比我想象的复杂。因为前不久广西南丹矿发生了一起重大事故，死了八十几个矿工。当地官员和矿主相互勾结封锁消息，掩盖事故真相。偏偏碰上两个勇敢的记者，冒着生命危险，明察暗访，弄清了事故真相，做了全面的报道。结果中央震怒，涉案官员遭撤职法办，矿上有关负责人被逮捕入狱。这件事轰动全国，以致一些矿老板和政府官员谈记者而色变，他们最怕不爱钱不怕死一身正气的记者。

凑巧的是，前些日子，这个县有好几个煤矿刚发生过矿难，他们严密地封锁消息，最害怕的就是记者来揭露真相，而恰恰在这个敏感的时候我出现了。当发现我在山上拍摄时，他们吓坏了，以为我是来暗访的记者。县委书记立刻下令全县所有矿停工。那些在山上围攻我们、尾随我们、在餐馆准备收拾我们的人，就是各个煤矿的老板。因为停工，他们每个煤矿分别损失了十几万甚至几十万元，全县的损失加起来有好几百万。难怪他们对我严加防范，如果我真是记者的话，他们恐怕会不惜铤而走险，置我们于死地。他们通过各种渠道查我的身份，核实我是不是记者。由于他们摸不清我的身份，在到底要不要放我们走的问题上，他们研究了很久。

还有一个更加离谱的官斗版本。说是县委书记和县长认为副县长为了把他们扳倒，要弄手段，暗地里请了记者来查访，企图通过揭开煤矿黑幕，达到自己不可告人的升官目的。这个版本对我来说太匪夷所思了。我听说副县长因为接待我们，为此做了好几次检查才过关；而那个煤老板老二，因为未经允许接待外面人参观煤矿，罚了好几万块钱。对此，我非常内疚，就打电话给副县长道歉，并表示如果他有麻烦，自己愿意出面解释。

着手建立剧组

回北京后，我底气十足地修改剧本，并着手建立剧组。我回国后认识了一个在电影厂工作的导演，他拍过一些低成本的片子，我和他相处得不错。他有一个完整的团队，愿意交给我。有一个现成且有经验的制片班底，省去了磨合时间，这让我很放心。一切看起来都很顺利。

我开始选择主创人员。

我最早找到的是录音指导。通过朋友介绍，我找到了录音师王彧，他是我的首选。虽然当时他在主流电影圈的名气不大，但是在中国独立电影圈，也就是所谓的地下电影圈，他还是很有名气的。像王超、贾樟柯等人的独立电影，都有他的身影。王彧胖胖的，乐呵呵的，对做低成本电影很有经验。我要求的是现场录音，而不是后期配音。像《盲井》这种风格的电影如果不是现场同期声录音，电影中的一些特质，现场感、真实感就表现不出来。虽然拍摄现场的声音很嘈杂，我仍然要求现场录音。但是怎样掌握环境声和台词的比例关系，既要有环境声，台词又必须清楚地听见，这对于一个录音师的要求非常之高。王彧是电影学院录音系的毕业生，他很专业，对声音的设计也很有想法。我跟他谈了我的情况之后，没想到他非常痛快地答应了，我们当时就达成了协议。王彧现在已经是非常著名的制片人了。

第二个找到的是美术设计。我找了许多人，他们都是不错的美术设计。但是一听说要大冬天在山里拍摄，而且还是个低成本电影，他们就纷纷找各种理由拒绝了。后来我找到杨军。他在做电影美术师之外还兼做景观设计，有很好的执行能力，也有很多想法。这对于我拍低成本电影来说非常重要，因为我们最缺的就是钱，最需要的就是少花钱办大事的点子。我需要一个美术指导，在实景的基础上进行改造。杨军无疑是合适的人选，最重要的是，他愿意吃苦，愿意跟我一起去山里。就这样，我们握手成交。

我没有钱搭景，也不愿意搭景。因为在电影制片厂里搭出来的景不真实，且缺少生活的质感和味道。但是在真正的矿井底下拍摄却有很大风险，小煤窑安全系数很低，随时可能遇到各种各样的危险，万一发生事故，我根本无力承担。因为煤矿不出事则已，一出事就是大事。为了减少危险，我曾经和杨军一起设计了各种方案。

我们设想过在拍摄景点挖一个坑道，上面搭上棚顶，做成巷道，并把四周全部涂黑，甚至打算把煤贴到两壁和顶棚上。但是那样做需要很多煤和人工，造价非常高，而煤窑内的感觉、煤的感觉、四处漂浮粉尘的感觉都做不到，反而让人不能信服。紧接着，我们又做了好几个方案，但都达不到预想的效果，只好放弃了。最终，我决定就在小煤窑里拍摄。为了降低风险，拍摄地点选择在离矿井逃生通道二十米左右的地方，也就是说，万一有什么意外，我们可以在两分钟之内到达安全出口。我还打算雇用足够多的安全检查员，配备大量的瓦斯表，以确保全体剧组人员的生命安全。

　　录音和美术部门到位了，我还缺一个重要的合作伙伴，就是摄影师。胶片电影对摄影师的要求非常高，尤其是像我这样的低成本电影。因为我不可能有大量的胶片让摄影师来NG，每个镜头只能拍三四遍。为了保证影片的质量，我决定在澳大利亚的电影洗印厂冲洗底片和后期制作。这是世界上最好的电影后期工厂之一，许多好莱坞的大片都是在这里制作的，当然价格不菲。俗话说，好钢使在刀刃上。为了保证影片的制作水准和质量我在所不惜。拍摄的样片冲洗后寄回来最少需要一个星期，还要办理海关等各种手续，等我们拿到手最快也需要十天时间。而我们的拍摄周期和资金根本不允许有那么长的时间等待。也就是说，这意味着我们不能及时看到拍摄的结果，只能像赌博一样蒙着拍摄，拍成什么样就是什么样。这就要求摄影师的技术过硬。我找了许多摄影师，跟他们谈的时候我不愿意有什么隐瞒，我如实地告诉那些摄影师，拍戏的过程中将会遇到什么样的困难。很多的摄影师听说要下煤矿拍，都不敢去。就这样，摄影师一直找不到，我十分着急。

　　几经周折，我找到了刘勇宏。他是一个挺有想法的年轻摄影师，原本是学建筑的，后来因为喜欢电影，就又考到北京电影学院摄影系研究生班学习了几年摄影。他在电影学院打下了坚实的基础。我看过他拍摄的一个短片《北京的风很大》，虽然这部片子因为各种各样的原因显得较为粗糙，但是他手持摄影机运动拍摄的感觉是不错的。我在寻找摄影师之前就已经确定了电影的拍摄风格，我希望全片肩扛摄影，拍成像是纪录片和新闻报道一样的故事片，以此来增加影片的真实感和冲击力，而不是拍成像好莱坞剧情电影的风格，所以我决定用超16毫米的胶片来拍摄。16毫米摄影机偏小偏轻，在矿井下巷道里拍摄都是比较方便的。我认为刘勇宏是比较合适的一个人选，但是他愿意不愿意拍摄还是个问号。

我了解到，当时他正处于事业的低谷。在此之前，有两个电影剧组都因为各种原因跟他没有合作到最后。这无论是对他的事业还是口碑都有很大的影响。当时他正在准备考博士，然后到学校教书。我们刚刚开始交谈的时候，他颇为犹豫。我很坦诚地告诉他，我也是一个新人，第一次拍故事片，而且是自掏腰包，我是要拿作品来证明自己行还是不行。这次拍摄对我来说是一个机会，对你来说也是一个机会。我知道你有才华，也可以拍出很好的东西。我们两个都是有抱负的人，我们都憋了一股劲儿，想要在这一行干出一番事业来，我们应该一起拼一下。也许是我的坦诚和拼搏精神打动了他，也许他认为这次的确是他在事业上重新站起来的一个机会，他略加思索，就答应了。我始终认为，一个人的本事和能力是有大小的，但是做事情的态度和决心往往决定了他的成功与失败。不管是什么职业，一个本领和技术高超的人，就算他是大师，如果他不认真努力，那还不如一个水平比他差但是拼命去工作的人。刘勇宏很年轻，也确实有这股拼劲儿。我年纪虽然比他大，但是我跟他一样，也渴望证明自己，证明自我的价值。我非常清楚地知道，天上是不会掉馅饼的。我拿出自己所有的积蓄放手一搏，就是给自己做一个馅饼，给自己创造一个展示的机会。

争取到了刘勇宏，我的心里就踏实多了。他给我介绍了上海电影制片厂最优秀的焦点员，号称中国第一焦点的傅杰老师。后来的事实证明，傅老师绝对配得上中国第一焦点大师的称号。我拍《盲井》的绝大部分镜头是移动镜头，人物和摄影机的位置在不停地变化，而且每一次拍摄都不同。他几乎没有用过尺子，仅凭着经验理解我的意图，把焦点准确地定在我想要的人物和地方上。后来我们在电影《盲山》中又合作了一次。可叹的是，现在这样有水平有经验的职业工作人员在中国影视界，已经非常稀少了。

通过陈大明的介绍，我找到鲍振江来做执行导演。他是河南开封人，和陈大明是发小，从小一起学过豫剧。他在王超的电影《安阳婴儿》和李玉的电影《红颜》中担任的也是副导演。这个人很有热情，也有理想，且一直想做电影。演员副导演叫小龙，是我一个在北京电影制片厂工作的朋友推荐的。整个的制片部门也是他推荐的，是他的制作班底。除了演员之外，几乎所有的主创部门都已经定下来了。各个部门也分别开始组建他们的团队和准备器材设备。我与美术师杨军去看景，与此同时，我让执行导演和演员副导演寻找演员。

我需要找的演员是接近生活原生态的，不是高大全的帅哥靓女。关于男主角的扮演者，我第一个想到的是王宏伟，他在贾樟柯电影《小武》中扮演小武。我觉得他的形象和气质符合普通劳动人民，且表演不露痕迹，塑造的人物形象丰富饱满。

可惜王宏伟当时还有别的事情，再加上他那时候的状态离我想要的杀人犯的气质有一些距离。王宏伟善良而大度，给我的印象很好。我对他说："你是一个非常棒的演员。这次合作不了，我们以后再合作。"

我曾经考虑过用明星，也尝试着去接触了几个明星。其实演员是不是明星对我来说并不重要，我需要的是好演员，能够出色演绎角色的优秀演员，而不是明星。我的一个朋友在拍戏，他片子的男一号是一个明星，这个明星的名字我就不说了，当时还是很厉害的。他没有高大全的形象，小小的眯眯眼，看上去坏坏的。我看了他的一些电影片段，觉得表演还不错。我赶到拍摄场地，想看看他拍戏的状态和表演。他们正在拍戏，我没让朋友介绍我，只是在一旁默默地观察他。说实话，我觉得他的气质最适合演《盲井》的男一号二叔。他那时候名气还没有特别大，虽然他的价钱贵一些，但是只要他喜欢，愿意演，我觉得一切都是可以谈的。

我的导演朋友喊了一声"Cut！" 这一个镜头拍完了，他走过来跟我寒暄。我看见那个明星从拍摄现场出来，一屁股坐在导演的椅子上，大模大样地说："导演，看回放。" 我朋友也是第一次当导演，他看了看那个明星，没有说话，忍了。我朋友走过去坐在导演椅旁边的椅子上，开始看刚刚拍摄的镜头。那个明星的张狂让我非常反感。在国外（我想在中国应该也一样），导演椅在剧组里是很神圣的，除了导演本人之外，任何人都不可以坐。摄影师有摄影师的椅子，主角有主角的椅子，椅子的后面都会写上主人的身份。我觉得这个演员根本不懂得尊重导演，目中无人，太狂妄了，就算我的朋友是第一次

一意孤行

当我拍摄经费遇到困难的时候，我的弟弟李桦（左）和李杉（中）用实际行动支持我实现电影梦想。兄弟情深。

导电影，那也是导演。那个明星坐在导演椅上，右手一伸，他的助理马上把一根烟塞到他的食指和中指之间，毕恭毕敬地打火给他点上烟，接着站在他身后，给他按摩；他一边抽烟一边看回放。我不屑地看着他，感到十分恶心。那时候他才刚刚出名，即便是大牌明星，也不过是个演员，怎么就变得像土财主一样了呢？西方是绝对不会出现这样的明星的：当着这么多人的面，让助理伺候，是对在场所有人的不尊重。如果肩疼需要按摩，可以隐蔽一点，到化妆间或者服装间让助手帮忙放松，这没有什么问题。可是这所谓的明星却在大庭广众之下显摆，一看就是穷人乍富，一脸的土鳖相。他看了回放之后，用不容商量的口气对导演说："咱们再来一条吧。"我那个朋友连声说："好，好，就再拍一条。"我非常愤怒，这完全是本末倒置，就好像他是整个电影的主控一样。这种颐指气使的霸道，让我彻底打消了请明星来演我电影的想法。

我生在演员之家，在国家话剧院当过演员，遇到过很多明星。我认识的很多叔叔阿姨都是20世纪三四十年代的大牌儿明星，我父亲也是著名演员，然而他们从来都没有这样的行为。我们的操守就是"老老实实做人，踏踏实实演戏"。我坚信，做人是什么样的，演的戏就是什么样的，虽然角色有大小，但是演员都是一样的。社会上传演艺界的八卦，常说"婊子无情，戏子无义"。我听到这些话十分反感，因为我的父母、我和弟弟都是演员。我们做人都是有底线的，有情有义的，从来没有坑害过别人。我并不否认，在电影圈、戏剧圈和娱乐圈的一些演员的素质和人品的的确确有问题，给别人造成了这样的印象。他们完全不懂得，尊重别人就是尊重自己。他们在外人面前装得很厉害，可是在我的眼里，这种人就是彻头彻尾的大傻×。我在德国跟一些大明星拍电影时，他们都非常客气，且友善和谦逊。他们绝对不会在大庭广众表现自己有多么了不起。当然我并不是排斥用明星，但是如果明星把精力放在摆谱上，而不是在演戏上，这样的明星我是不会与之合作的。明星和一个好的演员是有区别的：好演员不一定是明星，明星只是商业炒作，一个商业包装的称号而已。当时我想，我宁可用一些草根的非职业演员，也绝不去伺候这些所谓的明星。

后来王宏伟给我介绍了一个演员，当时叫李强，现在叫李易祥，是北京电影学院表演系的，他毕业有一段时间了，在电视剧《征服》里演过一个配角，这部剧是孙红雷主演的。我让李易祥试了几场戏，觉得比较符合二叔宋金明这个角色，关键是他表示愿意吃苦，愿意下矿井拍摄——这是我的先决条件。他来剧组试戏时，看上去很时髦，身穿皮夹克，反戴贝雷帽，脖子上围着丝巾，与我想让他演的人物反差特别大，这使我颇为犹豫，没有立刻决定让他演男主角。我让他看剧本，告诉他电影中的人物是什么样的。我还让他去看原作《神木》，如果他希望演好这个角色，就应该早些进入角色。等他再一次来剧组见我的时候，他的穿着打扮全变了，那些时髦的东西全部没有了，看上去就是一个普通市民，已经接近电影中的人物了。他的变化让我觉得他是一个有悟性的人，同时也看到他在积极争取这个表演机会，于是，我当场就决定让他扮演二叔宋金明。我定演员，向来是很迅速的，往往看一眼试试戏就决定演员，没有更多的考虑，主要是凭感觉。因为剧本是我写的，这个人物形象在我脑海里已经翻滚了几百遍，感觉对了也就八九不离十。另一方面，我的条件也不允许左挑右选：我既非成名的导演，拍的又是低成本电影，许多合适的演员都嫌拍摄条件辛苦，不是没有档期就是要价太高。同时我认为，剧本中的人物是根据现实再加上想象力创造出来的，不可能在现实生活中找到百分之百合适角色的演员，只要基本的气质符合就好，而关键在于演员有没有悟性，导演能不能在拍摄中启发和充分发挥演员本身的条件与素质，让演员和角色合而为一。

二叔宋金明找到之后，主要角色还剩下另外一个杀手唐朝阳和中学生元凤鸣。朋友推荐了好些人，我也到国家话剧院和北京人艺去挑选，但是都觉得不对。他们城市味道太足，太像演员了。我需要的演员要接近普通劳动人民，打眼一看就跟普通的农民没有区别，而且还要表演好。

副导演鲍振江推荐了一个演员叫王双宝，是西安人，演过一部电视剧叫《12·1大案》。鲍振江说他演得很好。我没有看过《12·1大案》，也不知道他的表演如何。我让鲍振江去找《12.1大案》的VCD，可惜没有找到。那时候没有网络，要找视频资料很不容易。鲍振江找来一张王双宝的照片，从照片上看气质形象都不错，符合我的要求。他人在西安，我希望他能来北京见一见。我就打电话给他，问他有没有时间来一趟北京。恰巧那段时间他刚好有空。我跟他在电话上越聊就越觉着投缘。

他家住陕西省京剧院，是剧院的子弟，现在在陕西省京剧院做演员，也客串电影、电视剧。我家住陕西省人民艺术剧院，与京剧院只有一墙之隔，有一个后门相通，两个院的孩子经常一起玩耍，打架斗殴也是常事。他和我在同一所小学读过书，他弟弟三宝跟我的年龄差不多，我还和三宝打过架。我跟他一聊，童年的回忆一下子翻腾到眼前。虽然往事拉近了我们之间的距离，但跟表演、跟他是否适合扮演唐朝阳这个角色没有关系。我没看过他的表演，但凭直觉我觉得他的形象符合我对角色的想象。通过谈话我能感觉到他慢慢悠悠、沉沉稳稳的性格，这也符合我想要的唐朝阳的味道。我当时就在电话中决定让他扮演唐朝阳。于是叫他把家里的事情安排一下，马上到北京来。他吃惊于我的决定。这么大的事，都没见面就定了。我说我相信感觉，同时坦诚地告诉他，这是一个低成本的电影，是胶片电影（当时拍胶片电影的并不多）。王双宝是个很仗义的人，要价不是很高，几乎是帮忙性质的。我们在电话里就达成了合作协议。我放下电话，看见坐在对面的鲍振江满脸狐疑。我知道他的疑问，给他做了解释，请他相信我的判断。就这样，王双宝很快来到北京，进了剧组。

还有两个重要角色，少年元凤鸣和妓女小红。

副导演小龙找来许多在文化宫、在电视台演过少儿节目的孩子，还有演过电影、电视剧的儿童演员。我一看，他们拿腔拿调、受过朗诵训练的表演，完全不对我的路子。他们学了一身表演的毛病，是掰不过来的。我看了几个就全部否定了。

我对副导演鲍振江和小龙说："这些通通不行，凡是演过戏、学过朗诵表演的一个都不要。你到北影门口、到八一电影制片厂门口、到拍摄基地，给我找原生态的，找真正的来自农村的孩子，会不会演戏不重要，只要不怕镜头就行。"我相信自己能把一个没有演过戏，或者是没有扮演过重要角色的人培养出来。我有这个信心。

至于妓女小红的扮演者，必须要有一股风骚的劲头，且体形要好。还有一些其他角色的要求，我都一一给他们交代了。他们在北京找演员，我和美术指导杨军则去山西河北等地寻找外景拍摄地点。

因为有了经验，这一次我只带了一台很小的照相机，而且一直藏在兜里。选景非常顺利，所有主要的场景都确定了，拍摄地点就定在河北蔚县。最让我高兴的是，通过一个当官的朋友的关系，我找到了一个适合拍摄的小煤矿，而且非常安全。这是一个存储着侏罗纪时代煤炭的小煤窑，瓦斯含量很低，可以完全排除瓦斯爆炸的危险。这就意味着我们在矿井下拍摄的风险降低了一半。虽然煤老板不太愿意，但是我耐心地给他解释，这是拍电影，不是拍新闻报道。我拿性命担保，拿荣誉担保，保证影片中绝不透露这个矿的一个字，绝对不会影响到煤矿。我又答应支付一笔不小的场地使用费，事情就搞定了。我下了矿井，找好了拍摄地点。

等我们兴奋地回到北京，而北京却出大事了。我离开北京时，让演员副导演小龙海选演员。我的要求很简单，给每一个来试镜头的人录像，不需要他们朗诵、念台词，只需对着镜头讲自己姓名，家里几口人，做什么的，在北京几年了，再报一下年龄和身高，把这些拍下来就可以了。小龙和一个助理趁我不在北京，背着我偷偷制了表格，让来应聘的人交十五块钱，填一张表，还要贴一张照片。他们广撒消息，说是一个从国外回来的导演的电影，需要原生态的非职业演员。他们利用招聘演员的机会，打着我的旗号敛钱，而我却完全蒙在鼓里。十五块钱在2001年是一个不小的数字，是许多人一天的工资。我们剧组租住的小宾馆里天天人山人海，报名参加海选的至少有八九百人。这些都是宾馆的服务员后来告诉我的。在我的观念里，副导演寻找演员是他的本职工作，他已经拿到工资了，怎么还能收钱呢？想想看，一个人十五块，八九百人就是一万多，在2001年，那可是一大笔钱。我没有想到他们会把剧组弄得乌七八糟，让人觉得我们是一个骗子剧组。

更可气的是，他们宣称我们要找一个演妓女的演员，便让所有来试戏的女演员将外衣脱掉，只留乳罩和短裤。这本来是妓女这个角色正常的要求，我需要知道女演员的三围和身材。但是小龙他们在拍摄时，用语言调戏来试镜的女孩，这就另当别论了。如果他们利用这个机会以权谋私，潜规则女演员的话，那就会严重影响我的声誉和剧组的正常工作。我们虽然拍低成本电影，但是绝不是野鸡电影剧组，也不是以拍电影的名义骗钱骗色的剧组。

这一切让我特别反感，也非常生气。小龙和那个助理是我的一个北京青年电影制片厂的导演朋友极力推荐给我的，说是他的铁杆班底。可是他们怎么会是这种品行呢？我当机立断，立刻把他们都开除了。同时决定立刻解散剧组，停止一切与这个剧组名字有关的运作。虽然有可能会得罪那个导演朋友，但是我必须这么做。尽管这些事情都是在我不知情的情况下发生的，但我是这部电影的投资人和导演，万一出了什么事情，我就无法说清了。这个黑锅我绝不能背。不久，我租了另外一家宾馆，重打鼓另开张。同时更换了剧组名称，剧组改名为《回家路》。因为暂时没有找到合适的演员副导演，我便让鲍振江先兼着。

选择演员的工作继续进行。元凤鸣的戏份并不是很多，但是他却是整个影片的戏剧冲突核心，扮演这个角色的演员能否选好十分关键。我看完了之前搜集的所有资料，没有满意的，就让鲍振江再去北影厂和其他剧组看看。并联系群众演员的"群头儿"，让他们送十五六岁左右的男孩子到剧组试戏。鲍振江在外面不停地寻找演员，我在宾馆不停地试戏，他们一批一批地来面试，我一批一批地否决。时间一天一天过去，我仍然没有找到心目中的元凤鸣。不是形象气质不对，就是戏不行，有些人在镜头面前就哆嗦，台词都念不出来。鲍振江沉不住气了，对我说："导演，你要想找会演戏的人，还是找少年宫的孩子吧，这样比较保险。"我十分固执地说："绝对不要少年宫培养的演员。你再去找。"这天，他又找了一些少年带回宾馆。我让他们进来面试，鲍振江用摄影机拍摄。有一个男孩子让我觉得很有意思。他进来的时候斜着贴着墙边走，老往人后面躲，怯怯的。回答我的问题时有些紧张，时不时露出农村少年憨憨的笑容。我问他叫什么。他用带着强烈乡村口音的普通话回答说："我叫王宝强。"初试之后，我让他们都回去了。晚上我又看了白天拍的录像，把较为接近元凤鸣这个角色的二十几个人挑出来，让鲍振江通知他们明天再次来宾馆试戏，这些人中也包括王宝强。

　　第二天，他们再次来到宾馆。我让他们一个一个地进来试戏。其实，在这些男孩儿中王宝强的条件并不是最好的。但是王宝强的感觉和气质吸引了我，他比其他人都特殊。他试戏的时候非常紧张，眼睛一直看着地面，不敢正面看我。我跟他说话，他都低着头回答，时不时偷偷瞟我一眼。我给他几段台词让他念一念，他结结巴巴地念得不好，念错了就憨憨一笑，带着纯朴的羞涩。他的不安全感和恐惧，他走路的样子，比较符合我想要的元凤鸣的气质和味道。特别是他脸上的几粒小雀斑透着一丝可爱，这是非常重要的因素。因为要让观众同情元凤鸣和关心他的命运，他的扮演者的形象就不能让观众讨厌。在电影里，元凤鸣是第一次从农村出来打工的孩子，他对城市有一种从心里发出来的恐惧和不安全感，在这一点上，王宝强是比较符合元凤鸣这个人物的。副导演鲍振江一直在不同的角度录像，对每个试戏的演员都要进行这种拍摄，就是要看他们在镜头前的感觉和表现。

　　如果王宝强在镜头前能够放松，他应该是最接近角色的人选，于是我就想办法让他放松。他的普通话说得不好，我就让他说河南话。我说："宝强，怎甭说普通话啦。跟俺说恁的家乡话。"我用河南话跟他聊天。他吃惊地看着我并用家乡话说："耶，导演，恁咋也会说河南话？""咋不会呐。俺就是河南人。"我回答道。他不太相信："真的？""俺骗你弄啥呢？"我一口地道的河南话，让他感到亲切，他渐渐变得不那么紧张了。我跟他聊他的经历，他的爸爸和妈妈，他的家庭生活。他告诉我，因为家里很穷，他很小就辍学离开家，跟着师傅学习武术。师傅带着他们走南闯北，之后他们到北京来混剧组，跑龙套，做群众演员和武打戏的替身演员，演一些路人甲路人乙。有戏拍他就去拍戏，没有戏拍他就去建筑工地当小工，生活非常艰苦。找不到工作时，他就要饿肚子。他的生活经历和元凤鸣很相像。他不怵镜头，有一定的悟性；他的气质和感觉就是我要找的农村少年。我当天就决定让王宝强饰演元凤鸣这个角色。

因为王宝强说普通话还不是十分利落，我决定影片的主要人物都用河南方言说对白。其实王宝强是河北邢台人，他家紧挨着河南，他的家乡话基本上接近河南话。而我们的另外一个主角李易祥也是河南人。他们用方言，能使影片充满浓郁的乡土气息，更地道，也更有味道。同时也可以消除王宝强说台词时的紧张感。

来应试妓女小红的演员有不少，但是她们一听说需要裸露，就不大愿意。其实演员的身体就是自己塑造人物和表演的工具，角色的身份、性格和行为跟演员本人是没有什么关系的。我的影片中的裸露是因为角色需要，而跟色情无关。女神维纳斯的雕像也是裸露的，难道要给她穿上衣服？其中一个女演员听我把道理讲清楚后，表示愿意裸露出镜。就这样妓女小红的角色也确定了。

漫漫拍摄路

　　主要演员都定下来后，电影就准备开拍了。虽然仍有一些角色没有找到，但是因为时间关系，我们不能再拖下去。拍电影类似农民种地，需要赶季节，我们在冬天拍电影，无论如何都要赶在春节之前杀青。因为大家都要赶回家过年。2001年12月中旬我派鲍振江、制片部门和美术部门的人到蔚县做准备，我决定2002年元旦开机。

　　2001年12月28号清晨，天刚刚亮，我们剧组的全体成员坐着二十几辆车浩浩荡荡地从北京出发。这一天我记得十分清楚，是个大晴天，天空非常蓝。我们的车队开出德胜门，一路向北开赴蔚县。德胜门是古代将士出城征战的起点，也是他们旗开得胜凯旋而归的终点。望着渐渐远去的德胜门，我非常激动，眼睛里充满了泪水。整整十八年了，我经过了多少磨难，克服了多少困难，一直顽强地坚持到现在。我的处女作电影终于要开机了，十八年的电影梦就要实现了。我闭上眼睛默默祈祷上苍，保佑我们拍摄顺利，保佑我们平安再入德胜门，凯旋而归。

　　蔚县，位于北京北面三百多公里，是一个产煤大县。县城的一些老房子和古城门都还在，很有味道。我们中午抵达蔚县，住进当地最好的宾馆。临近过年，做生意的人大多回家了，宾馆没有什么客人，我们是团体，又是长住，所以拿到了一个很合适的低价。摄影机一响，黄金万两。做低成本电影必须要一分钱一分钱地节省才行！

吃完中午饭，我召集各个部门的头儿开会，布置任务，检查各个部门的准备情况，做好开机前的一切准备，化妆部门开始试妆。化妆师用黑油彩给演员化好了妆。我一看，觉得不行。因为油彩反光，演员一出汗，反光就更强烈，必须不停地补妆。而煤老板都非常迷信，不允许女人下井，甚至连煤窑的井口都不可以去，他们认为女人会给煤矿带来霉运。女化妆师不能下井，这就造成了补妆的困难。我让化妆师去中药店买一个筛中药的筛子，筛一些煤粉。筛中药的筛子非常非常细，筛出来的煤粉跟面粉一般，只要事先涂一层护肤油，就不会造成演员皮肤损伤，看上去跟真正的矿工一样自然，不会有反光。化妆师按照这个方法一试，果然效果很好。万一需要补妆，我往演员脸上抹一点煤就行了。我对化妆师开玩笑说，你是我们剧组最轻松的，只要"抹黑"演员就行了，而且他们还不会告你。

演员穿上服装，做好造型。我过去一看，就发火了。演员穿的是从电影制片厂借出来的衣服和新买的衣服，根本不接地气。美术指导和服装师顿时茫然无措。杨军不解地说："导演，中国那么多电影都是穿这些服装拍的呀。你要的接地气的服装到底是什么样子啊？"我急了，对他们说："走。"我带着他们一干人上了街，指着来来往往的人说："你们看看他们的穿着打扮，这就是接地气。你们在这儿找，比照着咱们那几个演员的个子找。看到谁的衣服和鞋的颜色和款式合适你们就跟他去商量，拿我们的好服装跟他换。或者花钱买下来。"

过了几个小时，美术指导杨军带着服装师和道具师背了几

~ 119 ~

大包"淘"来的服装和道具回来了，他们的脸冻得红扑扑的，但却是满面兴奋。演员穿这些衣服，感觉立刻就不一样了，更符合剧中人物和我们电影写实的风格。

在快过阳历年时，为了感谢当地政府的大力支持，我请县政府各个部门领导和我们剧组的主创人员聚餐，提前过新年。酒席上大家都很开心，交杯换盏，不亦乐乎。

马上要开机了，黄矿长的扮演者却始终没找到，鲍振江找来的人都不适合这个角色。我批评他，鲍振江说确实找不到合适的人。我说，在北京那么长的时间你都没有找到，在当地能找到吗？我问他怎么办。他说："导演，这个角色让我来演吧。我从小就学豫剧，是科班。你放心，我保证不会演砸了。"我看着他的样子和表情突然明白了："你小子是不是给我打了埋伏，故意找不到合适的演员啊？"他一看我揭穿了他，就呵呵笑了。"导演，我就想演戏。我就一直盯着这个角色。你就让我演一演，过一把表演的瘾吧。"他央求道。我觉得他的形象和气质较为适合矿长这个角色，就答应了他。得到这个角色后，他特别高兴。一定要请我喝一杯。我说："不用了。你将来当了明星，别忘记我就行了。"

执行导演和演员副导演由鲍振江（左）一肩挑。他假公济私，毛遂自荐，生生地为自己抢了一个角色"黄矿长"。他演得不错。低成本的独立制片电影的基本特征就是许多人都必须身兼数职。当然摄影组和录音组除外。

一意孤行

（上）2001年12月31日凌晨，我带领全体剧组成员去庙里拜佛、烧头香。
（下）因为不是信徒，我磕完头，居然忘了往功德箱塞钱就走出来了。

李杨自述

（上）虽然我没有任何宗教信仰，但是我尊重所有的宗教。为了全剧组人员的平安，为了拍摄顺利，我跪在佛祖像前磕头，祈求佛祖保佑我们。

（下）我被众人指责。他们说不给钱就没有用，佛祖就不会显灵。虽然我不认为佛祖是见钱眼开的神，但是我还是赶紧入乡随俗捐了钱，以保大家平安无事。

我原定于2002年1月1号开机，想图个新年新气象。打算新年的头一天大家去吃一个开机饭，也是庆新年团圆饭。可是剧组的人告诉我，逢年过节的时候开机不太吉利，并要求我举办一个开机仪式，拜拜神。我本身是一个无神论者，不信任何迷信的东西。我坚信是福不是祸，是祸躲不过。命运掌握在自己手里，该怎么样，就是怎么样。剧组制片部门认为我这样不妥。他们说：" 导演，咱们怎么也得去庙里拜一拜。因为我们要到矿里去拍摄。如果去拜的话，可以为大家辟辟邪，这总是好事。" 我觉得他们说得有道理。虽然我不信这些，也不怕那些鬼。我相信人在做，天在看，人只要做得对，老天爷自然会眷顾和保佑的。如果此人作恶多端，怎么拜都没有用。但是我要带领几十号人下井去拍摄，这是一个极其危险的工作。我无论如何都应该照顾到整个剧组的想法，不能让大家伙觉得不踏实。而大家拜拜佛，祈求神灵保佑安全，能得到心理上的安慰，这样对剧组来说是件好事情。我采纳了他们的建议，改在12月31日开机，开机仪式与拜佛同时举行。他们打听到离县城很远的地方有一间庙，据说非常灵验，那庙叫什么名字我已经记不住了。当地人说，我们应该去烧头香，这头香很重要。我说，一切按照当地习俗办。让制片组采购了鞭炮等祭祀用品，既然办开机仪式，就要办得像样一点。

2001年12月31日，这是一年的最后一天，对于绝大多数人来说，这是他们一年工作的结束之日。但是对我们来说，特别是对于我来说，是一个转折点、一个新征程的开始。凌晨四点，天空十分晴朗，苍穹上布满了星星，气温在零下二十几度，凛冽的寒风夹杂着煤炭燃烧的焦烟味一阵阵地扑来。大家

李杨自述

　　每天冒着零下十几度的凛冽寒风在矿山上拍摄，非常辛苦。多亏了我弟弟李桦为整个剧组赞助的加厚羽绒服，才使大家伙扛住了严寒。我们剧组几乎没有人感冒生病。这大大地提高了拍摄进度。

一意孤行

我和摄影师刘勇宏（左）录音师王彧（右）。他们两个很年轻，而且十分优秀和敬业。

赶紧跑上车，在向导的带领下，我们的车队从宾馆鱼贯而出。

开了几十公里，东方露出了鱼肚白。不到六点，我们就赶到了那个著名的寺庙。我使劲敲大门，但怎么也敲不开。我们又绕到后门去敲。不一会儿，门敲开了。开门的是一个中年妇女。我吓了一跳，这不是和尚庙吗，怎么会有妇女在里面住呢？佛门净地，我不应该多想。也许她是这里烧水做饭的人。"阿弥陀佛！"我心里默默地念了一句。希望佛祖能够原谅我这个凡夫俗子的猜想。这个妇女问清楚我们的来意，让我们等着。她转身关上大门走了。过了许久，门又打开了，一个和尚睡眼惺忪地站在门口，叫我们进去。和尚领着我们穿过庭院，来到前面的大雄宝殿，打开门就转身离开。这个寺庙古木参天，一看就是一座有历史的寺庙。我不知道这座寺庙在三十多年前的"文化大革命"中有过什么样的遭遇，但是从整个建筑维修的痕迹来看，应该毁坏不大。而正殿里的释迦牟尼塑像和十八罗汉塑像，都是新塑的。我们剧组的每个人都在十分虔诚地烧香、磕头。我虽然不相信这些东西，但是为了我们剧组，我也点燃一把香插进香炉，跪下磕了三个头。祈求佛祖保佑我们拍摄期间一切顺利，大家平安健康，不出事故。等我走出大殿，站在门口的剧组人员纷纷对我说，导演，你不捐钱是不灵的，佛祖不会保佑的。在西方进教堂，人们捐不捐钱都行，都会被上帝眷顾的。只要相信上帝去祈祷就可以了。可能是因为我在西方待得太久，和中国的某些文化脱轨了。我赶紧重新走进大殿，面对佛祖双手合起，默默地许愿，请求佛祖原谅，然后掏出一百块钱塞进功德箱里。我们来到寺庙大门外，全体剧组的人站在一起，我郑重地宣布《回家路》（后来改名《盲井》）剧组正式开机。随着大家的掌声，鞭炮齐鸣。我们的开机仪式在鞭炮声中结束了。

我弟弟李桦以前是陕西人民艺术剧院的演员，20世纪90年代初下海做生意。河北山区的冬天特别冷，他特别为我们剧组的每一个人定制了一件加厚的羽绒服，上面还绣了中国和德国两面国旗。大家从寺庙回到宾馆后，每个人都领到了一件我弟弟赞助的羽绒服。大家伙都特别高兴，他们万万没有想到，我们这么一个低成本的小剧组竟然还有这么好的组服。看到大家如此开心，我心里暖暖的。非常感谢弟弟对我的支持！

午饭之后，我们到县城的古城门口拍摄。这是开机第一天，我只拍了两个镜头就收工了。因为这是我们全体剧组人员第一次真正的磨合，我想了解拍摄时都会有什么问题，然后寻找解决方案。第一天拍摄还算顺利，不过我也发现了不少问题。这其中最主要的问题就是演员的表演，专业演员和非专业演员在一起的表演很不协调，王宝强的问题尤其大。王宝强以前是跑龙套的，演匪兵甲路人乙，基本没有什么台词。这是他第一次演角色，要说台词。而和他演对手戏的又都是非常专业的职业演员。第一天拍戏，王宝强非常紧张，他和其他人之间的戏就特别不顺，他的台词也说得非常僵硬。王宝强不是专业演员。我在现场不能按照指导专业演员的方法来调教他的表演。我知道，那样会让他更加紧张。我面临的首要问题就是要想办法先把他的紧张感卸掉。在现场，我故意不给他说戏。他问我，导演叔叔，我应该怎么演？我说，你不用演就挺好的。他说，真的吗？我说，真的。不要去想剧本。你跟着他们走就行了。即使他演得不好，我不但不批评他，反而当众表扬他。给他自信心。他有了自信心，后面的拍摄就会顺利。

拍了两三个镜头我们就收工了。回到宾馆，跟其他部门开完会后，我把王宝强叫到我的房间，给了他几段台词，让他和我对一对词。我发现他的台词都是死背的，怎么启发都没用，一纠正他，他就更加紧张。是我看走眼了，还是我做了错误的决定？现在已经开机了，就是更换演员也来不及了。况且，

李杨自述

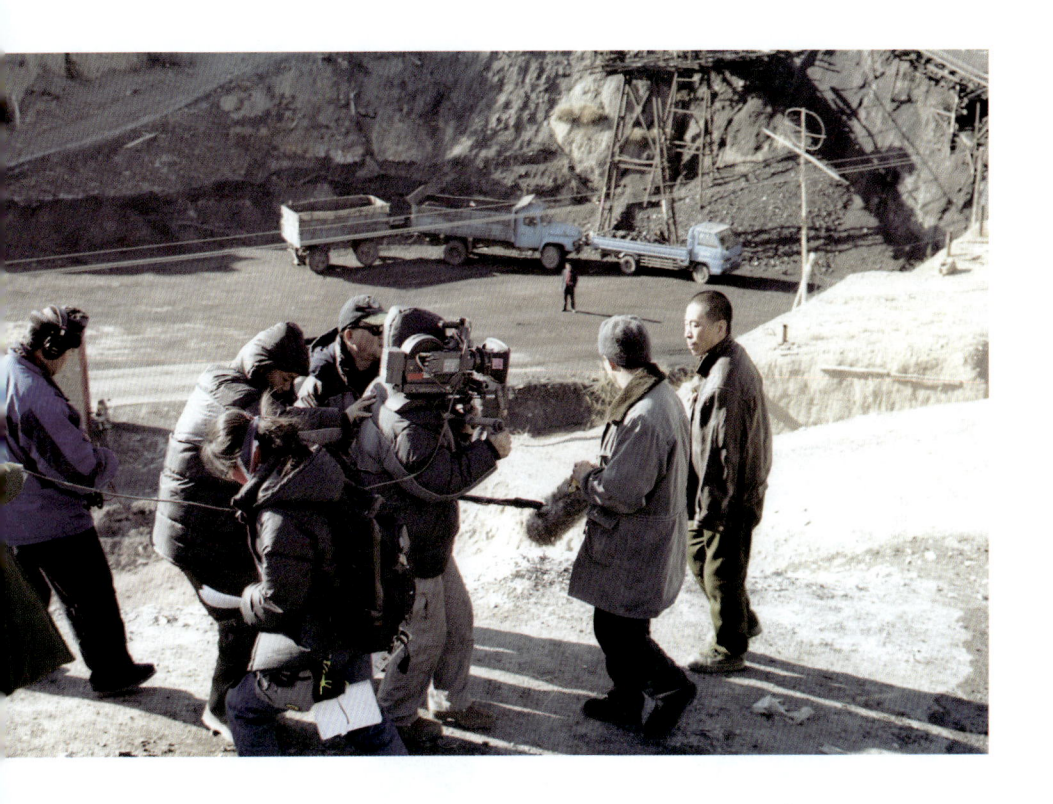

我是看好他的。他那种气质，不用演，活脱脱就是一个从农村出来打工的懵懂少年。这种东西是骨子里的，城里的孩子根本演不出来。我坐在那里思索，半天没有说话。王宝强坐在旁边低头看着剧本，不知所措。他时不时用眼睛偷偷瞟我一眼。我始终认为一部电影的任何问题都与导演有关。启发和指导演员表演是导演的本职工作和基本责任，而能不能启发演员，会不会调动出演员的最大

　　我们全片采用手持摄影，不用三脚架和移动轨道。现场同期录音。这样的工作方法，对于摄影师和录音师来说要求非常高。

~ 129 ~

一意孤行

　　（左上）2001年12月31日，《盲井》拍摄的第一天。为这一天，我（右二）整整奋斗了十九年。摄影师刘勇宏（左二）、焦点师傅杰（左三）、场记张露（右一）。

　　（左下）我给王双宝和王宝强说戏。对于王宝强这样的非专业演员要用特殊的技巧和方法来启发他，调动他。

　　（右）王宝强当时只是一个跑过龙套的农村少年，完全不懂得如何表演。让他的表演和另外两位专业演员匹配合适，的确让我费了不少功夫。我给李易祥和王宝强说戏。

李杨自述

能动性和他们的潜在能力，是衡量一个导演水平高低的标准。能把一个不会表演的新人调教成一个好演员，那才是导演的真本事。于是我换了一个方法。我们两个重新对台词，我说他的台词，让他改说其他人物的台词，想在他没有提前准备的情况下，试一试他的表演能力。当他拿着剧本磕磕绊绊地读台词时，我这才明白，原来他有许多字根本就不认识。我问他是怎么回事。原来，他是让同屋的人帮念一句台词，他就背一句台词。他居然靠这个方法把他自己的台词全都背下来了！由此可见王宝强是非常努力用功的少年，只是方法不对。

找到他的问题所在，我没有再责怪他。因为我知道，王宝强没上过几年学，识字也不多。我严肃地对他说："从现在起，你把那些背过的台词全部忘掉，以后不准背台词，也不许让别人教你念台词。你应该怎么说台词，怎么表演，只能听我一个人的，明白吗？"王宝强点点头。其实我是故意用这种态度对他说话的。我了解到，他是怕我批评他不会表演说不好台词，就找了剧组的其他人帮忙，指导他演戏。可那些人也不懂表演啊。他们东一句西一句的指导，反而把他给搞乱了。我只有严肃厉害点儿，他才会当回事，我才能迅速把他调教过来。我掏出钱，让他马上到新华书店买一本《新华字典》。并告诉他："你要做演员，就必须识字，学文化。不管你今后做演员，还是做其他工作，你没有知识都是不行的。你不认识字怕什么，只要你努力去学习就是了，谁也不是天生就会识字的。你学会了，就不用求别人了。" 王宝强的脸突然就红了。我说："你还上了几年学，比叔叔我强。我只上了小学一年级，'文化大革命'就开始了。那时候学校不上课，不鼓励学习。

我们当时的口号是'知识越多越反动'。'文革'结束了，我也高中毕业了。可是我在学校里啥也没有学到，跟白痴一样。我的大部分知识都是靠自己自学的。后来我考上大学、出国留学也是全靠自己学习打拼来的。"他吃惊地看着我，有些不太相信。我说："我说的都是真的。我知道，你是因为家境不好才没有好好上学。没关系，只要你现在刻苦学习，仍然来得及，明白吗？"王宝强点点头，出门买字典去了。

王宝强买回字典，我教他怎么样查字典，怎么样用拼音。告诉他，有了这样的工具，就可以自己去学习。他学习非常刻苦，后来他就靠查字典，自己通读剧本，理解剧本了。

晚上，我们邀请了当地的朋友和有关领导与全体剧组成员一起聚餐。大家一起举杯庆祝开机，迎接2002年。

第二天清晨，我们六点钟起床吃早饭，六点半出发。前往小煤窑拍摄。这时候天还没有亮，剧组的其他人都迷迷糊糊地在车上继续睡觉。我却像打了鸡血一样兴奋异常。

在接下来的几天里，我都尽量不安排王宝强说台词的戏，只让他跟着那两个专业演员演过一场戏。也不给他说戏，不让他表演，让他跟着其他演员跑，自然本色就行。不让他背台词，而是让他用自己的口语表达，并没有去抠每一个字，他说的跟我剧本里写的台词不一样也没有关系，只要意思对了就行。为了不增加他的负担，我只夸奖他，不纠错。很快，他就不紧张了。他觉得表演其实挺容易，自己也没有演，导演叔叔还夸奖说好。他慢慢地有了自信，表演渐入佳境。

一直到整部影片拍摄结束，我都没有告诉过他应该怎么去表演。我只是把他的紧张感去掉，让他忘掉摄影机，告诉他跟

> 几个主演都十分敬业。每次拍完一个镜头,他们都要看看回放。看看自己哪里表演得不到位。李易祥(前排左)、王双宝(后排左二)、鲍振江(后排左三)。蓬头垢面的我(前排右)在指导他们完成我对角色塑造的要求。

平时一样去做事情就可以了。其实,我已经在不知不觉中指导了他,让他完成了我的意图,塑造了我想要的人物性格,完成了表演任务。

对李易祥和王双宝这样的专业演员,我则用专业的方法给他们讲戏,直接告诉他们我对角色的设想和要求。我要求他们去掉表演痕迹,在不演中表演。这其实是挺难的,作为演员需要创造角色,但是如果他们刻意塑造人物,反而画虎不成反类犬。特别是当对手是非专业演员的时候,表演的痕迹就显得特别突出。起初,李易祥没有完全进入角色的状态,怎么演感觉都不对。我告诉他:"你不要去扮演矿工,你要成为矿工。"他已经很努力了,但还是不对劲。后来我发现,李易祥皮肤比较白,又爱干净,城里人的味儿很重。我就给他规定:每天任何时候都必须穿剧中人物的服装,哪怕在宾馆休息也不许换自己的衣服。不许用香皂洗脸,要保持一种"脏"的状态。只有这样才能迅速找到矿工的感觉。在小煤窑里,干净的水是十分金贵的。矿工们一两个月才会洗一次澡。如果像城里人一样弄得干干净净,没有脏的感觉,人物就不对。第二天拍摄街道的戏,当我让演员走戏、走机位时,到处找不到李易祥的人影。

李杨自述

> 虽然我们有监视器可以看到每一次拍摄的回放，但是我心里始终没有底，每天都是提心吊胆的。因为我们的胶片是送到澳大利亚冲洗的。真正拍到胶片上的到底是什么样子，一直到拍摄结束时我都不知道。因为我没有钱，也根本没有可能去看样片，完全像赌博一样，靠着感觉"盲"拍。

执行导演鲍振江大声叫他，他答应了一声。原来他就在旁边，和围观群众一起坐在马路牙子上抽烟，我们刚才居然没有发现他。他拍拍屁股站起来，跟当地的民工没有什么区别。我非常高兴，对他说："这就对了，你是矿工了。"对专业演员，一定要帮助他找到角色的核心感觉。我给了李易祥一个"脏"字，他就找到了宋金明的感觉。

王双宝是科班京剧演员，半路出家做影视演员，在表演时他常常会下意识地流露出戏曲演员的范儿。他从小演京剧，习惯成自然，可是他自己意识不到。我没有直接告诉他不要起范儿，那样会造成他的负担。在看回放的时候，我跟他说："你反应再迟钝一点，说话的节奏再慢一点，就更好了。"我给了他一个"慢"字。这个"慢"字看似不经意，但是只要他做到这一点，唐朝阳那城府极深的性格特征他就演出来了。他们都是悟性很高的演员，一点即通。更重要的是，他们也都努力地自我调整，以适应我的要求，追求不表演的表演。我以为，演员是非常敏感和脆弱的，靠骂是骂不出好的表演的，作为导演，要想尽办法挖掘演员的潜能。我不告诉演员什么景、什么

李杨自述

机位，也不固定死行动路线，让演员自由发挥，让摄影和录音部门全力配合，这就可以最大地调动演员的自我意识。

井下拍摄的艰辛

在我们的拍摄还算顺利的时候，我决定下井拍我们的重头戏。我选择的拍摄地点比较安全，离逃生通道也近，有专门的安全员，还有瓦斯表随时监测瓦斯的浓度。尽管做了周密的准备，我还是提心吊胆，唯恐出问题，这可是关系到几十条生命的安全问题！前一天，我们在宾馆反复排练，以期缩短在井下拍摄的时间。

第二天下井前，煤老板给我们讲了注意事项和安全措施。大家都换上了煤矿工人的工作服。这些工作服全部是纯棉的，不能有一点化纤成分，害怕静电引起爆炸。在井底下，一丝静电的小火花就可能引发瓦斯爆炸。我让大家把身上所有的金属物摘掉，交给服装师保管。煤老板告诉我，不准女人下井，场记、服装师和化妆师等女同胞只能待在矿上面的办公室里休息。她们的工作只好交给其他人分担。如果女人来了例假，连煤矿的大门都不准进。

剧组的人绝大多数都是第一次下矿井，大家也没有觉得有什么危险。我表面上跟他们一样嘻嘻哈哈，其实心里比谁都紧张。因为担心设备放在运煤车斗里运输不安全，就全由剧组人员扛下去。我们拍摄的场地是典型的小煤窑，不像国营煤矿那样有宽宽的巷道和运人的机车。小煤窑的巷道像蜿蜒盘旋的山路,一直通向地下的煤海。我们沿着漆黑的矿井缓慢地往下走,走到距地面两百多米深的拍摄地点,花了近两个钟头。

好不容易到达拍摄地点,大家都汗流浃背。虽然地面上冰天雪地,但在两百多米深的地下却很暖和。我们剧组的小伙子非常棒,干起活来都是拼命三郎。我们到达目的地,就开始布置现场,演员走位,准备拍摄。摄影师刘勇宏却突然叫停,原来是镜头出汗了。因为地上和地下的巨大温差,造成了摄影机镜头出现水蒸气,可是在煤井下面,空气中飘浮着许多细细的煤粉尘,不能擦拭,否则就会划伤镜头。没办法,只能等水汽慢慢消失。过了许久,机械员拿着一个德国阿莱摄影机的镜头给我看,镜头是冰凉的,上面蒙了一层薄薄的水雾。这要等多久才能干?机械员说,要是有吹风机吹一吹就好了。可是我们在井底下,哪里去找吹风机呢?我脑子飞速地转,如何把镜头加热烘干。我突然想到了一个办法,用身体把镜头焐热。我撩起棉袄和毛衣,把镜头焐在肚皮上。摄影师刘勇宏也拿起一个镜头塞在衣服下面。道具师刘润芝和摄影组的几个助理也纷纷仿效,将镜头塞进衣服里。他们的行为让我非常感动。我们几个大男人坐在地上,像孵小鸡一样用肚子加温镜头。不一会儿,冰凉的镜头变得有温度了。我拿出镜头递给机械员检查,他看了看说:"行,可以拍了。"大家马上各就各位。

在矿井底下,极度黑暗和安静的环境使大家的眼睛和耳朵等各种感觉器官变得格外敏感。远处不时传来大地挤压巷道支架发出的"咯吱、咯吱"的声音,在真实的场景里拍摄,让演

一意孤行

　　（左）第一次下井拍摄，大家换上了标准的矿工服装，安全帽和矿灯一应俱全。

　　（右）下井拍摄前，我为全组工作人员做动员。要求大家严格遵守矿井的安全条例和纪律。当时我非常紧张，生怕出事。

员们立马找到了煤矿工人的感觉。对可能发生矿难的恐惧，面临死亡威胁的恐慌所带来的心理压抑，都反映在他们的脸上和眼睛里，这种感觉是在电影制片厂的摄影棚里找不到的。因为大家都希望早点结束在井下的拍摄，我们的工作效率大大提高了。

　　一般来说，巷道是相对安全的地方，因为有许多支架支撑。但是在采煤的地方，也就是俗称的掌子面，就相对危险一些。掌子面很大，是一个三十多平方米的作业面，没有多少支架，头顶上随时都可能有煤掉下

来。在每次拍摄前，我都会让安全员认真检查，他认为安全有保障，我们才进行拍摄。每拍完一个镜头，大家都必须到巷道里休息。有一次，我们在掌子面拍摄，刚刚拍完一条，我一喊："Cut。"摄影师刘勇宏一直是肩扛拍摄，十分辛苦。他立刻把摄影机放到地上，就地坐下休息。演员们也在现场坐了下来。我知道掌子面没有支撑保护，随时都可能有煤掉下来。我让他们离开，去巷道休息。他们太累了，仍坐在那里不动。我急了，从巷道走过去，边把摄影机提起来，边将他们赶进巷道里。我们刚刚离开不到一分钟，一块大锅盖一般大小的煤从上面掉了下来，砸在刘勇宏刚才坐的地方。全组的人都惊呆了，摘了安全帽的人赶紧把安全帽扣到头上。不知道是不是虔诚祈祷的原因，我们真的非常幸运，稍微晚一点，后果就不堪设想了。

我当时对安全员发火了。安全员说："刚才我检查过了，没事，不要怕，煤掉下来很正常。"安全员若无其事地走到掌子面，用手里的杆子捅了捅头顶的煤，把松垮的煤块儿捅了下来。然后这里敲敲，那里捅捅，说可以拍了。我问："真的没有问题？"他又拿杆子使劲儿捅了捅掌子面顶上的煤，没有煤块掉下来。剧组所有的人都看着我，我掩藏住心中的恐慌，一咬牙："接着拍。"

到了吃饭时间，上面的制片部门并没有按时往井下送饭。现场制片通过井下的有线对讲机催，可是催了几次仍没有送下来。我急了，问生活制片怎么回事。他说饭和菜已经准备好了，是炖的肉和菜，汤汤水水几大桶，上面就是他和制片主任，还有几个女的，没有其他人，饭和菜送不下来。我一下子火了："你们是干什么吃的？为什么不早点安排送饭的人？真他妈的操蛋。你们在上面好吃好喝，我们在井下饿成什么样，你们知道吗？现在让大家怨声载道，以后的戏还怎么拍？"我们的饭菜是制片部门在县城饭馆订做的，两荤一素一汤。从县城到煤矿需要一个多小时车程，平时他们送饭，司机拉到现场。可是现在，饭菜在上面，我们却只能在井下饿肚子。如果现在派人爬上去把饭抬下来，一上一下需要四个小时，人早就饿晕了；如果上去吃饭，意味着今天不可能再下井拍摄。安全员说，可以从逃生通道上去，那里非常陡，但是只需要半个小时。我赶紧通知生活制片去买饼干、香肠、牛奶和饮料等方便运送的食品。我许诺给安全员加班费，让他和道具师刘润芝一起从逃生通道爬上去。有了希望，大家的情绪稳定了下来。我跟大家说，我们下一次井不容易，最好一次多拍一点，这样就可以少下几次矿井。刘润芝是非常仗义的人，他在逃生通道爬上爬下好几次，为我们搬运食物，我们则一直坚持拍摄，连续拍了将近二十个小时。一天的拍摄结束，我们从井下慢慢爬上来，已经筋疲力尽了。那时候大家确确实实是拧成一股绳，就想一起拍一部好电影。对大家的支持，我一直心存感激。

我宣布，第二天休息。我请全体剧组人员在饭店好好地吃了一顿，弥补昨天的损失。我当众把制片主任和生活制片狠狠地批评了一顿。我这个人心直口快，有什么就直接说出来，从来不藏着掖着，当面说完就完了，从来不会背后搞小动作。但是我这样性格的人在中国的文化背景下常常会吃亏。江山易改本性难移，我明明知道会吃亏，但是始终改不了。

拍摄下井的镜头之前，演员们看上去比较淡定。右起：李易祥、王双宝、小飞。小飞不是演员，是我们剧组的剧务。被我拉来客串演了个小角色"被砸死的矿工"。他刚刚开始演，就挂了。

这天以后，我发现我们的伙食越来越差。我跟制片主任谈了几次，伙食的质量仍然不见改观，可我给他的伙食费用并没有降低。生活制片和所有制片部门的人都是他带来的团队，他怎么可能管不好剧组伙食的问题呢？不仅如此，当我们要去定好的景点拍摄时，他居然没有联系安排，以致我无法按计划拍摄。我问他为什么场景没有联系好，他说没有钱了。我很吃惊。开机之前我把所有的场地使用费都给他了，才拍了一个星期，怎么可能没有钱了？我让他列一个清单，那个场景已经付了场地费，而钱到底花在什么地方，总得让我这个投资人知道吧。

制片主任和他的团队是我那个电影制片厂的朋友拍着胸脯推荐担保的，我非常信任他。他说在中国做事都需要打点。我想反正背着抱着一样沉，就一次性给了他六万块钱场地费。在2001年，六万块是很大一笔钱。当时北京望京地区的房价才三千块钱一平方米。其实，我们主要是在县城和农村拍摄，煤矿的场地费我已经另外支付过了。除了煤矿之外的其他场地是花不了多少钱的。我感觉到出问题了，开始暗中调查，想知道到底怎么回事。

经过调查，制片主任伙同生活制片一起克扣了大家的伙食费，而很多场景又根本不要场地费。我气愤地给推荐他的那个朋友打电话，告诉他发生了什么事。希望他能协调一下。他淡淡地说："我也不清楚你们具体发生了什么事情。你要是不满意他们，就把他们开除了吧。他们也不是我的人。"可是，一个月前他还信誓旦旦地打包票，说这些人是他的团队，很专业，很靠谱，绝对不会出什么幺蛾子，有什么事情找他就

行。到如今他居然翻脸不认人了。为了不影响拍摄进度，我只能暂时忍了。我又给了制片主任一笔费用，用于提高伙食标准。与此同时，我与北京的其他朋友联系，寻找新的专业的制片团队。

为了安全，我用绳子把演员和摄影组绑在升降梯上面。为了拍摄《盲井》，我们真的是拼命了。

转 场

当我们准备再次下井拍摄时,万万没有想到,这个小煤窑塌方,砸死两个,砸伤三四个工人。矿主跑来跟我们借车,说要尽快安抚死伤者的家属。真实发生在眼前的煤矿事故就跟我的电影《盲井》里的剧情一模一样。我心里暗暗庆幸,我们躲过了一劫。但是我们不能下矿井拍摄了。还有很多的戏没有拍怎么办?我想,我至少要把煤矿上面的戏拍完。我请求煤老板让我继续拍摄。他较为友好,也知道我和当地官员的关系。他允许我们在矿上拍摄,条件是绝对不能透露他煤矿出事故的消息。这一点我给他做了保证。

两天后的清晨,我早早就起床了。通常我们是六点起床,六点半出发。然而时间已经到了,楼道里仍旧十分安静,每天早晨叫大家起床的剧务没有一点动静。我就去他的房间敲门,没有反应。我觉得奇怪,赶紧叫服务员来开门。门打开之后,我愣住了,已经人去屋空,而制片主任和生活制片也都不知所终。宾馆值班经理说制片主任带着一些人五点钟就离开宾馆了。这时候摄影师刘勇宏跑来说,灯光和一些摄影器材也被他们拉走了。他大概感觉到,我打算开除他们,账也不交就提前跑掉了。这些狗日的家伙!我赶紧让各个部门检查少了什么东西,有多少人走了。结果除了他们制片部门的人之外,还有几个演员和几个司机连人带车也都走了。虽然几个主角都在,但是演妓女的小红和演马大姐的演员都跟着走了。这不是釜底抽薪要搞垮这个剧组吗？太他妈的恶毒了。我赶忙给推荐他的那个导演打电话，我说："你介绍来的人，怎么招呼都不打就跑了。他不但带着剧组的钱跑了，还带走了很多人和剧组的器材，让我们剧组陷入瘫痪。他们到底是什么人？你要让他回来把账结清了再走。"那个导演说："你们闹矛盾，他们走了，我也没有办法。""可他们不是你的班底吗？你当初推荐他们时，可是给我拍胸脯打过包票的呀。我和他们签了合同，再怎么也不能没有干完活就跑了吧？"他说："我打电话问问，劝劝他们。"事已至此，我还能说什么呢？我刚刚从国外回来，不认识什么制片团队，只能靠朋友介绍。也怪我太相信他们的介绍人了，没有好好考察。是我自己认人不清，不关别人什么事。我给制片主任打电话，他不接。让别人给他打电话，他也不接。怎么办？我打开窗户，让冰冷寒风吹着脸，想让自己冷静下来。然而我整个脑袋都是懵的。难道我真的要在这个沟里翻船吗？我不断地告诉自己，冷静，一定要冷静。这个时候发火无济于事，关键是如何减少损失，重整旗鼓。无论如何，这个剧组的拍摄工作不能停，我的处女作绝对不能半路夭折。他们人跑了，但是东西一定要追回来。窗外的寒风让我慢慢地冷静下来，我知道不能意气用事。我调整好自己的情绪，安排人联系将摄影、灯光器材拉走了的司机，看看那些灯光和道具在哪里。接着让鲍振江给那几个演员打电话，争取把他们叫回来。否则，他们已经拍过的戏都必须重新拍摄。

剧组刚建的时候，我对大家都非常友好，想用善良换人心。不管是对主创还是工作人员都很客气，经常说"谢谢"，说"请"。我觉得这是待人起码的礼貌，人人都是平等的，只是分工不同而已。我没有像很多导演一样张口闭口地骂人。后来我发现，我这样的客气待人，反而使剧组的有些人认为我特傻，软弱可欺负。我布置任务，他们也不当一回事。慢慢地，我悟到这样一个不是道理的道理：要在中国的剧组里生存，当导演的必须把自己变得像流氓一样，像大爷、像皇帝一样才行。谁干活不好，张嘴就骂。有一次，一个工作人员因为失职导致工作延误，我开口就骂。让我万万没有想到的是，其他人统统都老实了。打那以后，我布置的任务，他们就会马上去执行，而且执行得不错。我心里纳闷，这些人岂不是下贱吗？难道是做奴隶做习惯了吗？非得打着骂着才干活。我骂了他们，反而获得了尊重。他们开始觉得我像个导演样子了，很牛×！当我尊重这些人，将这些人当人看待，他们反而要欺负我。连司机都敢跟我叫板。现在出现这样的事情，让我非常震惊。人心不古啊！不知道和不懂得感恩的人，总想着如何捞钱骗钱的人，你对他们再好都没有用。当他们捞不到好处的时候，就会立马翻脸。而制片主任和生活制片就是这种无耻的小人。

  对付流氓就得使用流氓手段。当流氓，谁不会啊？我当年就是在"文革"中打出来的。只不过我后来学习了知识文化，又到文明的发达国家德国生活学习了十几年，学习做个有教养的文明人。现在这些人非得逼我重新当流氓。行，我是流氓我怕谁！我立刻打电话给与制片主任一起跑的人，让他转告：跑得了和尚跑不了庙，这件事我跟他们没完。我说："你们把灯光器材、摄影器材都拉走吧。老子不要了。反正不是我的，是我租的。如果半个小时内我见不到那些东西，我就报案。这些器材价值上百万，你们私自把剧组的器材拉走，等于是盗窃。

要判多少年，你们自己掂量吧。"说完我就把电话挂了。我对大家说："先去吃早饭，然后各个部门做准备。一会儿继续拍摄。谁愿意离开，就请便。"说完，我转身下楼去餐厅吃饭，大家也纷纷跟着我下楼。

坏事情一件接着一件。宾馆经理听说我们的制片主任跑了，就下令把宾馆的大门锁了，不让我们的车出去。他拿了一摞制片主任签的账单找到我，让我付钱。我看了看，其中有四千多块钱是买的几箱香烟和酒。我说："这钱我不能付。我一开始就跟你规定了，他只能签饭费和房费。"经理说："可他是你们的人。"我说："我有几十号人呢，不能谁花了钱都找我来要吧？我住宾馆又没有欠你房费，你凭什么不让我们出去？"经理自觉理亏，但是却一直纠缠不休。因为我们还要在这里继续住，关系不能搞僵，又为了不耽误拍摄工作，我承担了一部分本来不应该支付的费用，花钱消灾。宾馆大门又重新对我们打开了。

还没有吃完饭，摄影师刘勇宏就跑来告诉我，拉器材的几辆车回来了，但其他人没有回来。我走到宾馆的停车场，让宾馆的人把大门关上。那些司机还有几个工作人员跳下车，气势汹汹地围着我要工资。他们都是按天计算工资，整个电影拍摄完了之后再结账。我吼了一声："吵什么吵？先卸东西。各个部门检查，先把器材清点了，不缺东西了以后，再来跟我谈钱。要不然，你们把东西拉走。我报警。"我转身上楼了。王双宝走过来小声说："导演，需要不需要我？需要动手的话，你就说一声。"他很仗义，关键时刻不怕事。虽然他平时话不太多，但是我知道，如果我有需要，他绝对是敢于出手的人。

他学京剧，做过武行，身上也有功夫。一旦交起手，这些年轻人都不是他的对手。虽然我比他们年龄大得多，我一点儿都不害怕他们，毕竟我小时候也练过一些散打功夫。一旦动手，他们未必能占得了便宜。

过了一会儿，刘勇宏和其他部门的头儿向我汇报，都检查完了，器材一样不少。司机们和几个制片部门的工作人员都涌进我的房间。我问是怎么回事儿，他们说，制片主任告诉他们，我没有钱了，剧组要解散了，让他们把东西拉走，逼着我给他们工钱。我说："你们是听他的，还是听我的？是我出钱拍片子，我是老板，他也是来给我打工的。他让你们走，你们就跟着走了，他会给你们钱吗？"那些人低头不语。"他们是贪了我的钱，偷偷跑了，他们想把这个剧组搅黄，拉你们垫背的，知道吗？我可以发誓，这个剧组绝对不会散。"我话音一转："我知道，你们都是被教唆才走的，我不怪你们。你们出来打工不就是为了赚钱吗？你们要是愿意在这里继续干，我既往不咎。可谁愿意离开，我也不拦着。但是你们半途给我撂挑子，咱们就按照合同补偿我造成的损失，你们自己看着办吧。"他们将信将疑。为了稳定人心，我走进里屋拿出存折让他们看。我说："我账上还有七八十万呢，放心，绝对不会欠你们的钱。"这样一来，我没有钱的谣言就不攻自破。后来，他们大部分人都选择留下，只有两个司机选择了赔钱离开。这一幕剑拔弩张，的确非常惊险。我没有扩大冲突，而是选择了平和的方式解决危机。

事情虽然暂时得到了解决，但是剧组仍然处于瘫痪状态。

我表面上装得很平静，一副稳操胜券的样子，其实我心里非常着急。制片部门的人走了不少，我急需找到新的制片主任，重新组建新的制片团队。停机一天要损失很多钱，我真的拖不起啊。这些担心使得我的白头发冒了出来。我一直在告诫自己，灾难已经发生，愤怒是没有用的，怨天尤人也无济于事，只有把那几个恶人卷款而逃的事情先抛诸脑后，迅速恢复拍摄才行。后来我才知道，他们卷款而逃，是跟那个推荐人，也就是我的所谓的"朋友"商量好的。真是知人知面不知心，是我眼拙，我认了。从那时起，我跟他们一刀两断，永不再往来。

情急之下，我立刻给老朋友高华打了一个电话。她为人热情仗义，做过演员、场记和统筹工作，在影视圈摸爬滚打了十几年，人脉很广。一开始我曾找过她来做制片主任，可当时她家里有事情，走不开。我说："高华，我快要走投无路了。这个忙你必须得帮我。"高华接到电话后，连家都没有回，当天夜里就赶到蔚县。高华的到来，给我吃了一颗定心丸。在她的帮助下，我们用了两天时间重新组建好了制片部门，恢复拍摄。由于原来的制片主任从中作梗，当地的好些场景都不让我们拍了。我们只好被迫转移。可是要去哪里呢？我真的不知道。我给小说作者刘庆邦打了一个电话，告诉他发生的事情，请他帮忙找一个比较安全的矿井。他满口应承。

正在我一筹莫展的时候，刘庆邦给我打来电话，在河南义马找到了一个低瓦斯，安全系数高的国营煤矿。太好了！听到这个好消息，我紧锁了多日的眉头终于舒展了。我最担心的就是不能再次下井拍摄，如果找不到合适的煤矿，影片就得

一意孤行

我们从山沟沟里转场来到开封市之后，条件就好多了。没有了人为的困难，我们拍摄十分顺利。我的眉头也舒展了不少。右起我，焦点师傅杰，摄影师刘勇宏。

~ 152 ~

流产。转场的大方向确定了，去河南。我找来执行导演鲍振江和美术设计杨军，问他们在河南的什么地方能找到拍摄场景，要跟我们在这里已经拍过的场景氛围相同，否则就会穿帮接不上戏。鲍振江是开封人，他说："导演，到开封去拍。开封我熟。应该能找到你需要的景。"我让他们两个立刻出发，奔赴河南开封去找景和联系宾馆。我在这里把需要接戏的场景统统拍完，把要补拍的镜头补上。随后率领全剧组成员马不停蹄地奔赴开封。

启程了。虽然我们的转场有一些被迫长征的悲壮，要多花许多钱，但是清理掉了剧组里的害群之马。多日压在我心中的阴霾一扫而空，我轻松了许多。我们剧组河南人居多，大家一听要转场回老家拍戏，都十分高兴。但是我却高兴不起来。因为扮演妓女小红的演员（名字我就不说了）不辞而别，她以前拍过的所有镜头都要重拍。还有几场戏因为场景的问题已经不可能重新拍摄了，我只好修改剧本。同时还要重新寻找一个小红的扮演者。思虑再三，我在路上给安静打了一个电话。当初我挑选扮演妓女小红的演员时，安静是首选。她的气质和形象都非常合适，可惜她文了眼线。而小红虽然工作时需

~ 153 ~

要浓妆艳抹，平时却是素颜的，看上去像一个纯纯的邻家姑娘。安静文过的眼线要遮盖很难，所以只好放弃她来演小红。电话接通后，我告诉她，当初最终没有选择她的原因。然后直接问她，还愿不愿意来饰演小红？条件是，眼线必须洗掉。虽然洗掉眼线很疼，但她还是很痛快地答应了。又一个问题顺利解决了。我放松了下来，在车上美美地睡了一觉。

傍晚时分我们到了开封，打前站的鲍振江和杨军赶过来与我们会合。鲍振江悄悄跟我说，没有找到价钱合适的宾馆。我让他别声张，先安排大家吃饭，在饭馆休息。我、高华和鲍振江一起找了许多地方，仍是没有找到合适的宾馆，不是价钱太贵，就是床位不够，或者标准太差，要不然就是没有停车场。我们真的是非常穷的剧组，被迫转场已经超支了不少，如果再不缩减开支的话，恐怕就不能完成拍摄了。餐馆要打烊了，我们全组几十号人又杀到一间吃夜宵的灌汤包子饭馆。外面天寒地冻，但是饭馆里温暖如春。饭馆里没有多少客人，我们一下子就把座位全部包了下来。安排好大家后，我们几个又赶紧分头去找宾馆。半夜一点多钟，我们终于找到了各方面都合适的宾馆，大家欢天喜地地住了进去。

第二天，大家在宾馆里休整。一大早我就起来，带着摄影指导、美术指导、制片主任和鲍振江一起去找合适的拍摄场景。

虽然剧组停机休整造成拍摄预算严重超标，剧组的工作人员即使不工作我仍要按天给他们付工资，还有每天的吃喝拉撒睡等等。尽管如此，我仍然不愿意在选景上凑合，在艺术创作上妥协。影片里的每一个场景都包含了大量的信息，它也是电影语言的一部分。导演通过这些信息向观众传达他的思想，讲述他的故事。我咬着牙坚持着自己的理念，必须找到合适的拍摄场景不可。

我们在紧锣密鼓地找景、看景和对选中的场景进行加工改造的时候，安静从北京赶来了。她的双眼有些肿胀，眼皮上文的眼线已经洗掉了。安静和王宝强一样，都是第一次在电影里扮演重要的角色。她原来是学习医学的学生，毕业后，为了演员梦来到北京师范大学艺术系学习表演，之后，她成为一名北漂演员。进剧组之前她已经知道，小红这个角色是必须裸露身体表演的。尽管如此，她仍然决定接受这个挑战。她这种为了塑造人物大胆裸露出镜的勇气，为了艺术愿意忍受痛苦和付出的精神我很欣赏。因为她毕竟是在中国的环境下生活，为此她要承受多大的精神压力！我非常感谢她，感谢她为《盲井》做的一切。

演员是一个十分特殊的职业，演员身体的每一部分，包括声音和情感，甚至思想都是自己创造角色的工具，这一切既是属于自己的，也是属于角色的。演妓女，它们就属于妓女；演警察，它们就属于警察。只有当演员用全部的身体和内心情感去塑造角色时，才有可能创造出既是自己又不是自己的人物，达到完美的表演境界。

经过三天紧张的工作，大部分场景已经确定并做了必要的加工改造，另外一些小的场景只能边拍摄边寻找。我们基本采取实景拍摄，能找到有质感的和符合剧情的实景就非常重要了。真实场景所体现的浓郁的生活质感和味道是很难造出来的，比如郊区的发廊，小镇上简陋的歌厅。我带着美术指导杨军去了很多家不同的小发廊。我们假扮客人进去看一看，转一转。那些女孩不接客的时候，我请她们吃东西，跟她们聊天，了解她们的生活体会她们待人接物的感觉。这对我有很大的启发。我感觉到自己原来写的台词太文雅，不像她们说的话，回到宾馆后，就把台词改了。

生活是最好的老师，它能教会我怎么去创作。理论家们总说文艺作品要源于生活，高于生活，但我以为，文艺作品的核心必须来自于生活，但不一定要高于生活，不能为了人为地拔高，却丢掉了生活的本质与核心价值。

第四天，我们又重新开始拍摄了。那些害群之马离开剧组之后，我们的拍摄工作变得非常顺利。新的制片主任高华虽然是位女士，但是非常能干，她领导的制片部门为我们提供了良好的后勤保障和支持。

王宝强与妓女小红

经过磨合，几个主演的表演渐入佳境，但是遇到一些情感比较复杂的戏，王宝强的表演就不到位了。他毕竟是个十五六岁的孩子，没有受过表演专业的训练，我的启发，有时候他体会不到，也表现不出来，我只能采用特殊的方法。有一个场景，是他被二叔宋金明打了一个耳光，十分委屈。回到宿舍时，他二叔做了几个菜，请他喝酒。道具师给他们准备的酒其实是水，他委屈喝酒的感觉怎么演都不对。我让道具师小刘去买了白酒，灌进道具酒瓶里，没有告诉他们是真酒。等一切准备好了之后，我突然冲进屋里对王宝强大发脾气，骂得他狗血淋头。我说："你他妈还想不想当演员？什么都不会演。这么多人陪着你，你演一遍不行，再演一遍还不行，你是干什么吃的？我从几百上千人中挑的你，你他妈太让我失望了。你要是再演不好，就给我滚蛋，滚回工地筛沙子去。"全剧组的人当时都愣了，他们从来没见过我发这么大的火。王宝强站在那里一声不吭，眼泪在眼眶里直转圈。我大声喊道："都准备好了，再来一遍。预备。"各个部门传来情况报告。"摄影，好。""录音，好。"执行导演喊："开始。"王宝强在被骂的情绪下和李易祥、王双宝开始表演吃饭喝酒的那一场戏，他们都没有想到，酒瓶里装的是真的白酒。王宝强一口干下去的那种感觉，和着酒把委屈咽下去的情绪一下子就对了。我仍然没有露出笑容，大喊道："Cut。再来一条。"连续拍了几条之后，这场戏终于过了。他们的表演非常真实，我很满意。其实，我是故意发这么大的火。王宝强没有学过表演，启发他表演根本没有用。我故意发火骂他，让他真的受委屈，把他的情绪激发和调动出来，把他真实的情感全部都表现出来。结果他表演得非常准确到位。我直到现在都没有告诉他们，当时我是假发火，怕将来再使这招就不灵了。

元凤鸣找妓女的那场戏极难拍。对于元凤鸣来说，这是他人生第一次和女人做爱，如何表演这场戏对于王宝强来说难以把握。为了让王宝强对"第一次"有新鲜感，我给他的剧本里

一意孤行

在杀"点子"元凤鸣之前，宋金明坚持带他去找妓女"开苞"。让他完成一个男人的成年仪式。从右起：妓女小红（安静饰演）、元凤鸣、宋金明、唐朝阳。

把这场戏拿掉了,直到拍摄之前我都没有和他谈过这场戏。

"妓女遇见童男子"这场戏,对于扮演妓女的演员安静来说,更是一个巨大的挑战。安静给人的感觉有一点妩媚,有一点风骚,其实她是一个特别正统、保守且执着追求自己理想的姑娘。她人品端方,很单纯,有一点矜持和高傲。虽然她深爱表演,但有原则有底线,厌恶演艺圈有些女孩子为了拍戏当明星不惜出卖色相。她基本上不跑剧组,所以丧失了很多机会,来我们剧组是她的同学推荐的。她刚到剧组试戏的时候很紧张,怕自己演不好。对不同的演员我得用不同的方法。所以我没有马上拍她的戏,而是让她天天跟着我们去现场玩儿,看我们工作,让她适应拍摄环境,放松自己,和剧组的成员打成一片。虽然安静以前没有演过什么像样的角色,这是她第一次在电影里扮演角色,但是她毕竟学过表演,只要她不紧张,我相信她一定能演好这个角色。她很尊重我,甚至有一点怕我。为了使她不对"导演"产生恐惧,我尽量在公开场合和她聊天、开玩笑,让她觉得我就是一个老大哥,觉得演戏也没有什么了不起,其实就是好玩的游戏。慢慢地等她的状态调整好了,她的戏也可以拍了。

开场前，他们谁都不知道我会怎么拍，我也没有告诉任何人。我对这场戏的拍摄方案已经考虑好了，只是不想事先透露而已。现场布置妥当后，我让王宝强和安静走位置，对台词，然后清场。排练时，我并没有要求安静脱下衣服，解掉胸罩，我也没有告诉王宝强这场戏应该怎么表演，应该有什么情绪和反应。我悄悄告诉安静："你演得非常好。我们让摄影师扛着机器走一走位置，虽然还不是真的拍摄，但是你要把衣服和胸罩都脱掉，摄影师需要量曝光度数。你就跟刚才表演一样就行，我们试几遍再正式拍摄。"安静点了点头。

我走到屋外，大声喊道"带机走一遍"，然后悄悄告诉摄影师刘勇宏和录音师王彧："实拍，打尾板。"场记和执行导演一听就明戏了。我告诉摄影师和焦点师，先拍安静脱衣服，她脱胸罩的时候移动带出王宝强，安静是前景，焦点在王宝强脸上。我对执行导演鲍振江点了点头。他大声叫道："带机走一遍。别说话了。各部门注意，预备。"摄影助理打了一个OK的手势，录音师也打了一个OK的手势。执行导演："开始。"安静以为我们只是试拍，所以很放松，一点都不紧张。她坐到王宝强的身边开始脱衣服和胸罩，这一刻她稍稍有些紧张。但这是她正常的反应，毕竟她要在一个男人面前暴露自己。虽然安静扮演的是一个每天在男人面前脱好几遍衣服的妓女，应该不紧张。但是遇到王宝强扮演的这样一个被强迫进来消费的处男，安静的反应和表演是准确的。王宝强当时根本没有想到安静这次会真的脱掉衣服和胸罩，他第一次近距离见到女人美丽胴体的反应是非常真实的，而他既想看面前这个裸露的女人又害羞不敢看的反应完全是下意识的，这反应不是能表演出来的。太棒了！"Cut。"我轻声说了一声。场记张露过来倒打了场记板。我说："这一遍戏试得不错。照这样再走一遍。然后实拍。"我们又如此这般来了一遍，然后，正式地拍了一遍。其实我心里十分清楚，只有第一条的感觉最好，后面两条都是备份。那是王宝强"第一次"的真实反应，对于安静来说也是如此。拍完这一场戏，安静找到了表演的自信。其实，我一直在考虑用什么样的方法让演员完成这段具有挑战性和饱含细腻心理变化的表演，这一场戏不仅仅是这两个业余演员难以完成，就是专业演员表演也是不容易做到的。我采取偷拍的方法，真实地记录下他们不是表演的表演，既破除他们的心理负担又缓解了紧张情绪，让他们在不知不觉中完成了表演。这一刻演员与角色已经合而为一，可以说是完美的表演。

拍摄的日子既紧张又开心，过程中不断出现的问题也都一个一个地解决了。其实，遇到困难和问题并不可怕，关键要想办法解决。人的一生不就是在不断地遇到问题和困难与不断地解决问题和困难的过程中度过的吗？

杀青了

时间过得很快，我们的拍摄已经接近尾声，但我们还面临一个最大的问题和挑战没有解决，就是下井拍摄，还有好几场井下的戏没有拍摄。虽然我已经找到了一个安全的国营大煤矿，但是剧组的人都很害怕，不愿意下井拍摄。为了大家的安全和照顾大家的想法，我想了许多办法，比如找个砖窑或防空洞，搭一个煤窑巷道，但搭出来的煤窑巷道的质感会跟以前拍摄过的小煤窑接不上戏。怎么办？我又一次面临巨大的挑战。我当然希望大家能够团结一心，下井在真实的巷道里拍摄。但如何说服大家克服恐惧，再一次下井呢？地面上的戏一场一场地"消灭"了，可是我仍然没有说服大家。最后，我决定采用民主的方式和大家沟通。

那天回到宾馆，我召集摄影指导刘勇宏、录音指导王彧、美术指导杨军、制片主任高华、执行导演鲍振江、演员王双宝、王宝强和李易祥等主创人员一起开会，研究我们下一步的拍摄方案。我介绍了这个国营大煤矿，告诉大家这个煤矿的安全系数很高，每天有上百名煤矿工人下井挖煤。我说："挖煤的几场戏我们必须要拍完。现在有两个选择，一种选择是我们搭景，这样虽然安全，但是拍出来的质感肯定不行，跟前面已经拍过的戏不接，这部影片的水准也会降低。另外一个选择，就是我们再一次下矿井拍摄。下煤矿拍摄和搭景拍摄完全是两种感觉，拍出来的煤矿的气氛和味道完全不一样。我们到现在三叩九拜都做了，不就差这一哆嗦吗？咱们再一咬牙一跺脚下一次井，拼一下，把这个片子拍完，这样就不留遗憾了。"摄影指导刘勇宏说："导演，我们跟着你这么辛苦为了什么？不就是为了拍部好片子吗？我同意下井。"录音指导王彧说："既然都做了，要做我们就做好。录音组这边没有问题。"三个主要演员和美术部门也都表示支持。制片部门保证全力配合，保障吃饭送水等后勤工作。听了他们的一番话，我非常感动，是他们在关键时刻给我支持。

拍完开封的场景，当天就转场到义马。义马是河南省的一个有名的产煤市，那里有比较安全的低瓦斯煤矿。开封到义马大约有两百六十公里。吃完午饭，我们立刻出发。除了矿井下的几场戏之外，我们再拍三四场戏就可以杀青了。眼看顺利在望，一路上我十分开心。也许命运之神不想让我太顺利，总要制造一点麻烦来考验我。走到半路的时候，一辆车抛锚了，怎么都打不着火，整个车队停了下来。我问下一个出口还有多远，司机说十几公里。为了赶时间，我让他们把这辆车上的器材卸下来，装到其他车上，用绳子把车拴上，拖着继续前进。打算在下一个出口下去修车。开着开着，突然警笛声大作，从后面追来两辆警车，把我们拦下来。一个警察过来，把拖车和被拖车的两个司机的驾照收了，还要扣车。另一个警察在打电话，联系拖车。我赶紧过去问怎么回事。警察十分严厉地说，高速公路上不允许这样拖车。坏了，如果被他们的拖车拖到修理厂，连罚款带修理费，没有万儿八千的根本别想走。花钱还是小事，关键是我们不能耽误时间，义马市宣传部和矿务局的领导们还在等我们呢，而且扣两辆车会耽误我们拍摄。我赶紧说好话，制片主任等人也使劲求情。这个警察特别较真，对我们的解释和求情置若罔闻。另一个警察看我们车队二十几辆车上都有剧组统一的标牌，问我们是干什么的。我说拍电影。警察问是哪里的。我灵机一动，想起了在山西的经历，心想，豁出去了！拉大旗做虎皮，再冒充一下。我镇定地说："我们是中央电视台的。你们河南省电视台新闻部的头儿韩华春是我大学同学，他主管政法方面的新闻。我们去义马

一意孤行

最后一次下井拍摄，我们做了万全的准备。下井前，我一再给大家强调井下的注意事项。

拍电影。义马市政府的领导还在等我们呢,你们能不能先让我们到前面的收费站把车修理了。该怎么罚款,我们按规定交,只要能让我们及时赶到义马就行。"他们听我是中央电视台的,又跟省电视台的领导是大学同学,而且我很诚恳,认罚,他们转变了态度。警察说:"你们是中央电视台的?你们可要把俺们河南好好宣传宣传。"我一听他的口气有缓,连声应 "是"。警察把驾照还给了司机,说:"下次不能这样拖车了。"一挥手:"跟着我们的车。"我赶紧道谢,叫大家上车。警车闪着警灯在前面开道,我们的车队紧紧跟在后面。我心里忐忑不安,心想,万一他们去核实就糟了,现在也不好给同学韩华春打电话求救。不过又一想,管他呢,走一步看一步吧。至少我们不用交拖车的钱和被扣驾照了。

出了高速收费站,警察把我们带到离交警队不远的汽车修理场,然后带着我们一行人来到交警队。我刚刚走到大门口,交警队的队长满脸笑容地迎了出来,"欢迎,欢迎。"我心头的担忧立刻烟消云散了。剧情一下子反转,原来我已经准备好了面对悲剧结局,接受巨额罚款,没有想到却获得了黑色幽默的大团圆结尾。刚才那名警察介绍道："这是我们田队长。这是中央电视台的李导演。"我忙说："田队长，给你们添麻烦了。"我又给他们介绍了我们的演员和主要创作人员。田队长热情地请我们进屋喝茶，我带领主要演员和主创人员随着他走进交警队。聊了一会儿，我起身告辞。可是田队长说什么也不让我们走，一定要留我们吃晚饭。我说："田队长。谢谢你！我非常想跟你们一起坐坐，喝一杯。但是义马市宣传部的领导和矿务局的领导们已经在那边等着了，要给我们接风。实在对不起，我们必须走了。"这一次我说的是实话。可是田队长一再挽留："你就告诉他们车坏了，中不中？我们领导说了，一定要请你们中央电视台的朋友一块儿吃个饭。吃完饭，车修好了你们再走。"鉴于他们的热情，我只好让制片主任高华带领一部分人留下来。我说："田队长，我确实是分身无术。因为那边的领导也在等着我们。高华是我们的制片主任，让她和一部分人在这里请大家吃个饭，表达我们的谢意。"我对高华说："吃好点，咱们一定要买单。你赶紧派人去做一面锦旗，代表我们剧组送给交警队。"之后，我们一行人匆匆赶往义马市。在路上，我给高华打了个电话，嘱咐她千万别穿帮。后来我才知道，交警队的人死活不让我们花钱。他们不但盛情款待了我们剧组的人，而且还免了我们的修车费。

现在想想，我真不应该冒充中央电视台的剧组，但那也是情急之下被逼无奈。本来只是想金蝉脱壳赶快离开，没想到假戏真做获得了无冕之王的待遇。我发誓，我这一辈子，只做过这么一件利用中央电视台金字招牌的事情。无论如何，我都要感谢交警队的领导和交警们的盛情款待，他们的帮助让我们迅下井拍摄前合影留念。左起：王双宝，我，王宝强，李易祥。

速修好了车，没有耽误拍摄工作。在此，我要为我的欺骗行为对他们说一声抱歉，我现在没有写出交警队的名称，还杜撰了交警队长的姓名，不是因为忘恩，而是害怕给他们带来不必要的麻烦。后来我跟韩华春打电话说了此事。我说："华春，你的名头确实太响亮了。"他笑了笑说："你只要在河南拍戏，有什么事就给我打电话。"韩华春跟我是北京广播学院同一届的同学，他是摄影系的。我们两个班经常在一起做作业，我们关系不错。毕业后他分配到河南省电视台，他十分能干，事业蒸蒸日上。可惜天妒英才，他英年早逝，令人唏嘘不已。我现在每次到郑州市，都会想起他。

我们赶到义马市，义马市宣传部和矿务局的领导在当地最好的四星级酒店热情地设宴款待我们。我对我们的迟到表示歉意，对他们的盛情接待和大力支持表示衷心的感谢。我虽然不能喝多少酒，但是我仍然连喝了三杯表示我的诚意。义马市十分重视我们的拍摄工作，选择了最安全的煤矿，并且派专人陪同我们。这一切都和小说作者刘庆邦的大力支持有关。他在中国煤炭行业的宣传系统，特别是河南的煤炭行业，是很有声望的人。电影《盲井》从筹备到拍摄，一路走来都离不开他的支持。

第二天，我们就下了矿井。这次下矿井跟上一次完全不一样，我们基本上都是坐运输车，不用走太多路。这个煤矿已经开采了很多年，挖得非常深，我们坐车就花了一个多小时。看着矿井里的钢铁支架和宽阔的巷道，大家松了一口气。但是，我心里很清楚，这次下井必须把矿底下所有的戏拍完，因为我不可能说服大家再下一次煤矿。同时，还要保证拍摄不出差错。我们拍摄完的底片，是要寄到澳大利亚冲洗的。拍摄的效果如何，底片上有没有划痕，曝光够不够，焦点实不实这一系列冲洗结果都要一个星期之后才能知道。万一出现什么问题，根本不可能再补拍。这次拍摄可以说是孤注一掷，拍成什么样子，就是什么样子了。我让摄影部门把高感光的胶片全部带到井下。每一个镜头我都要多拍几遍，多几个角度，多几种方法，以此保障拍摄的成功率。可是这样一来，就要延长工作时间。

这一次下矿拍摄非常辛苦。下到矿井后，矿上的领导以为我们是拍专题片的，拍几条就上去了，还专门给我们准备了饭菜。他们没有想到，我们连续拍了30多个小时。矿工是三班倒的作息时间，陪我们下井的那一拨人下班了，上去休息。等他们轮换了一遍，再次下井的时候，我们还在矿井底下拍摄。

（上）我在给王双宝说戏。

（下）井下又闷又热，吃饭休息时，大家已经顾不上安全措施了，纷纷脱掉外衣、摘下安全帽。

连他们都觉得拍电影太辛苦了，比煤矿工人还辛苦。好在地面上不断往矿井下送吃的喝的，大家饿了就吃，困了就睡。所有人都拍得筋疲力尽，只有我和演员以及主创人员像打了鸡血一样。拍到后来，王宝强已经坚持不住了，他的头有些发热。当时他毕竟还是一个孩子。我让大家都在地上躺一会儿，休息片刻。在他们心目中我就是一个德国的法西斯，一个工作狂。工作，我只知道工作。虽然我也希望他们能多休息会儿，但是我知道，一旦大家在地上睡着了，就难以叫醒。而且矿井底下十分潮湿，很容易生病。我必须狠一点儿，否则就会出大事。于是我又像法西斯一样残酷地把大家赶起来工作。有一个演员不起来，他不想拍下去了。我耐心地给他做工作，让他挺住。我把他拉到一旁告诉他，如果一部电影成功了，演员是最大的受益者，我们这些幕后的工作人员这么辛苦，观众是看不见的，观众看见的只有演员。你看，大家都在坚持着，有一个人泄气就会影响全组的士气。演员进入状态，我们就拍摄得快。气可鼓，不可泄，坚持就是胜利。经过大家的拼搏，我们终于把煤矿底下的戏全部拍完了。当我们坐着运输车慢慢地升到地面时，大家已经累得说不出话来了。

看着大家的样子，我十分心疼。我心中默默地说，谢谢你们！你们是最棒的。

　　经过一天一夜休息，大家又缓过劲儿来了。我们还有两天的拍摄工作，由于已经临近春节，大家都希望早一点杀青，好回家过年。每个人的干劲都非常足，效率也非常高，一天半的时间就完成了全部的拍摄工作。拍完最后一个镜头时，我喊了一声："杀青了，谢谢大家！"全剧组的人并没有欢呼。我愣在那里，觉得有一些奇怪。突然间，他们所有的人都向我冲过来，等我明白

（左）我们在300多米深的矿井里拍摄。虽然国营煤矿的安全措施好得多，但是对于我们来说，还是心惊胆战的。

（右）经过30多小时的连续拍摄，所有人都累瘫了。大家已经无语了，只有我一个人在恳求他们，无论如何要咬着牙把所有的镜头拍完，否则就前功尽弃了。

的时候已经晚了。小伙子们把我抓住，拽住我的双腿双手抬起来，蹲下去。一直给我蹲了十几个屁股蹲，来发泄他们对我这个德国法西斯工作狂的"愤怒"。当然，这是友好的发泄。大家欢呼着，折磨我，报复我。因为在这三十五天里，我把他们累坏了。《盲井》的前期拍摄工作终于在狂欢的气氛中结束了。

回到宾馆，大家清点器材，整理行装。我和场记张露再一次认认真真地过了一遍剧本，清查有没有镜头漏掉了没有拍。当我们再次确认没有漏掉镜头后，我松了一口气。

当天晚上，我们邀请义马市宣传部、矿务局和煤矿的领导出席我们的关机饭。我面对大家站起来，举着酒杯感谢当地和煤矿领导的大力支持，感谢全剧组的所有人，感谢他们陪伴我一起磕磕碰碰地走过来，在那么艰苦的条件下不离不弃，团结一心，完成了拍摄任务。我深深地鞠了三个躬，干了三杯酒。我讲话的时候非常激动，泪水一股劲儿地往外涌。为了拍这部电影，我们经过了风风雨雨，然而，我没有半途而废，没有倒下，终于挺过来了。那天晚上，大家都非常开心地吃着喝着说着笑着，我喝了很多酒，酒宴结束时我已醺醺然醉矣。

第二天早晨，我依然像以往一样六点钟就醒了。糟糕，要迟了。我一下子坐起来并迅速穿衣服，待到走出门，我才意识到已经杀青。我坐在床边，愣了半天才缓过神来。

上午，我去银行取钱，给剧组全体人员发了工资。我没有食言，像当初承诺的那样，没有欠任何人一分钱。我多给了

王宝强一些钱，不仅仅是因为他努力工作，更重要的是当时他家庭的经济非常困难，我不忍心看到他再回建筑工地。虽然我知道帮不了他太多，但至少可以让他拿钱回家好好过个年。我给王宝强和其他演员的酬劳并不多，但是对于捉襟见肘的我来说，已经非常不容易了。低成本电影就是这样如此艰苦拍成的。

"Cut"，当我们拍完最后一个镜头时。剧组的小伙伴们一下子朝我涌来，要找我报仇。报复我一个多月来对他们加班加点儿的"虐待"。他们把我抬起来，蹲了十几个屁股蹲。我愉快地接受了他们的惩罚。

一意孤行

拍摄结束后的合影。我每次看到这张照片时，都有些激动。那是我几个月以来最开心、最放松的一天。我当时想，不管将来影片的结果会怎么样，最起码我已经摆脱了拍摄期间可能出现的塌方、爆炸等等各种威胁到剧组人员生命的危险。可爱的伙伴们，谢谢！谢谢你们陪我走过了一段充满危险和艰难的圆梦旅程。

李杨自述

说实话，我当时连自己能不能成功，这部电影能不能卖出去都不知道，更不可能想到王宝强能变成一个自己开电影公司的大明星。这样的成果恐怕连他自己也没有想到。王宝强当时最大的愿望就是不去工地干苦力，靠做群众演员赚钱养活自己。可是群众演员是一个不稳定的工作，当时又有多少导演敢聘用没有学过一天表演长得又不帅气的农民工当主要演员呢？一个人的成功是由各种各样的因素堆砌而成的，不是光有梦想有毅力，能吃苦耐劳就可以获得成功的，还需要一点点运气和抓住运气的能力。在蔚县，那个制片主任就曾经策反过王宝强，许诺给他角色，让他跟着他们一起离开我的剧组。王宝强没有走。如果他当时跟另外几个演员一样离开的话，他的命运恐怕就是另外一种样子了。我认为，一个人做事情贵在信守诺言和坚持不懈。不管这件事情成功与否，都要坚持做完。事情做完了可能成功也可能不成功，但是半途而废只能走向失败。

从表面上看，我是电影的投资人，是老板，但其实当我给大家发完工资，回到北京给各个器材公司付清账款以后，我就变成了一个穷光蛋。不但一贫如洗，而且还欠着澳大利亚电影后期公司的钱。当时我负债累累，经济情况还不如领了工资欢欢喜喜回家过年的王宝强和剧组的其他工作人员。因为拍摄期间发生的各种状况，我们被迫停机，转场，换演员和工作人员，拍摄周期多出了七八天。这对于一个低成本的电影制作来说，是非常致命的。又因为几个演员的不辞而别，致使许多已经拍好的场景不能使用，必须重拍，这就造成了大量的人力物力和金钱的浪费。作为导演和投资人，我最恨的就是没有道德和职业操守的演员与工作人员。这一切使得影片的制作费大大超支。尽管如此，我并没有像一些老板那样拖欠员工工资，跑路走人。我做人的原则不允许自己这么干。一个人做事要敢作敢当，愿赌服输。我自己投资电影，圆自己的电影梦想，就算失败了、赔钱了，那也必须自己承担，绝不能欠别人的辛苦钱。这些事情我没有告诉过别人，而且说了也没有什么用。鞋大鞋小脚知道，有多么苦有多么大的困难都必须自己一个人承担。剧组的一些人认为我小气抠门，给的工资不高。但是我没有空口许诺画大饼，没有欠大家一分钱。在资金非常困难的情况下，我甚至没让大家吃过一顿盒饭，且每顿饭不少于两荤一素一汤。在开封拍摄时，则是四菜一汤，而且还给剧组的每个人发羽绒服御寒。敢问，在中国的影视剧组里有多少像我这样"抠门"的出品人、制片人呢？在背后骂我的人让我十分心寒。其实对于这些非议，我是根本不会在意的，我做事情只要对得起自己的良心就行。

天下没有不散的筵席，剧组的许多工作人员都是河南人，他们领完工资后迫不及待地赶着回家过年了。我到宾馆门口与他们告别，心中有些不舍。送走他们之后，我和剧组的其他人也上车出发，告别义马市，奔回北京城。

顺利抵达北京之后，从来不迷信的我特地让车队穿过一下德胜门，图个好兆头。之后，各个部门立刻分头归还租借的摄影、灯光器材和服装、道具，并把最后一批胶片送到国际快递公司，寄往澳大利亚冲洗。一切结束后已是夜里十点多了，我想请大家吃宵夜，但是无人响应。他们归心似箭，一眨眼工夫就消失得无影无踪。

后期制作的烦恼

我坐车穿过灯红酒绿的繁华都市,车窗外,天上人间、百金瀚等夜总会的霓虹灯在不停地闪烁。我已经回到了北京,但我的感觉却仍然停留在一千公里外黑漆漆的矿井下面,在山西的小煤窑里。它们完全是两个世界两种生活,巨大的反差让我一下子恍惚了,感觉眼前的繁荣是那么的不真实。

我洗了一个热水澡,让自己彻底放松下来,又想好好睡一觉,把拖欠的睡眠统统补回来。谁知道躺在床上却怎么也睡不着,各种各样的问题在我眼前飞来飞去:这批胶片会不会出问题?通过海关时顺不顺利?我寄的不是什么违禁品,但是万一海关怀疑这些东西,要打开检查怎么办?胶片一旦曝光就完蛋了,拍摄的所有东西都将付之一炬。胶片也不能用X光检查,因为X光照过后,胶片也会受到损伤。虽然前几批胶片都没有遇到麻烦,但是这次会怎么样呢?这批胶片曝光足不足?镜头拍得虚不虚,有没有划痕?演员的戏完成得好不好?各种担心一直在我脑袋里转圈。以前如果出现问题,我还可以想办法补救,但是现在剧组已经散了,再想补拍就非常困难了。我的心一直悬在空中,吃了两粒安眠药,我才迷迷糊糊地睡着了。

一周之后,澳大利亚的电影洗印公司反馈了好消息,那一刻,我一直悬着的心才放了下来。然而,在杀青后的几个月里,我仍天天做噩梦,老是梦见拍摄时出事故,不是梦见有些

（上）出来找工作的元凤鸣（左，王宝强饰演）被谋财害命的唐朝阳（中，王双宝饰演）和宋金明（右，李易祥饰演）盯上了。他们骗他去煤矿打工。

（下）勤奋好学的元凤鸣让宋金明想起了自己的儿子，他动了恻隐之心。

镜头漏掉了，就是演员走了没办法拍，甚至梦见矿井发生事故，我们剧组的人逃不出来。那段时间里，我经常被这样的噩梦惊醒，也没有办法摆脱这些可怕的噩梦。直到三个月后，影片的初剪完成，我的心才真正地踏实，噩梦也慢慢地减少了。

回到北京后，我一直咳嗽，如此三四个月，咳出来的痰，擤的鼻涕，都带着黑色的煤粉。尽管如此，我仍然觉得这样的冒险是值得的。对我来说，最重要的是完成了自己的心愿，圆了自己的电影梦。至于这个影片会得到什么样的反响，能不能赚钱已经不重要了。

在德国拍电影不需要任何许可证，只要有钱或者能找到资金，拍摄就没有问题。可是在中国，没有拍摄许可证连冲洗胶片都不允许，而当时中国洗印厂的水平和技术也欠佳。在我看来，把胶片送到澳大利亚去冲洗，并且在那里做后期是十分明智的选择。

尽管我拍的是低成本电影，但在影片的工艺质量上却不能低。影片内容的好坏、故事的优劣是与导演和编剧有关的，但是一部影片制作工艺的好坏，就与胶片和冲洗的质量有关系了。澳大利亚是全世界冲洗电

影胶片最好的地方，他们的工艺和技术都非常好，甚至很多好莱坞电影的胶片都在澳大利亚冲洗。好钢要用在刀刃上，钱要花在最有用的地方。我一咬牙，选择了澳大利亚最好的后期公司ATLAB。他们的价钱虽然贵一些，但是质量有保障。

在澳大利亚做后期制作，我遇到的最大困难就是钱。有美好的愿望，没有钱仍然不行。我硬着头皮向母亲和弟弟们借钱并交了定金，同时积极寻找合作伙伴。好友花青给我介绍了李俊，在澳大利亚做后期的整个过

（左）唐朝阳和宋金明威胁元凤鸣，要他记住自己的假身份证上的名字和假的年龄。

（右）要不要把未满十六岁的少年元凤鸣作为下一个谋杀对象，唐朝阳和宋金明发生了冲突。

程中，我最要感谢的人就是李俊。李俊是北京电影学院八五级摄影系的学生，又是澳大利亚悉尼电影学院的毕业生。他的摄影技术非常好，在澳大利亚获过电影摄影奖。我带着剪辑好的电影素材和数据飞往悉尼，联系到李俊，就像找到亲人一样。

我没有钱带着摄影师一起到悉尼做后期，可是技术方面的事情我并不懂，无法与后期公司对接。但是在李俊的帮助下，一切就变得顺利了。在整个后期制作期间，都是李俊在帮助我联系和沟通，他的无偿付出让我省了许多钱。我非常感激他，他是我在澳大利亚遇到的第一个贵人。

澳大利亚的电影后期制作公司特别专业。非常幸运的是，我遇到了一个工作十分认真的大妈Chris Rowell，她是我在澳大利亚遇见的第二个贵人。Chris Rowell友好善良，她的公司不大，但很有名气。她在电影后期制作行业工作了一辈子，是澳大利亚后期制作行业的老前辈。她的后期剪辑公司负责为我的影片做剪辑工作。在北京，我用ATLAB公司给我的数码素材进行剪辑，到悉尼后，我把剪辑完成后的所有数据都交给了她。在底片剪辑之前，Chris Rowell跟我说："李导，你应该让ATLAB公司再给你冲洗两本不同编号的拷贝。"于是我告诉了ATLAB公司，而公司却说不用，理由是我按照他们给我的时间码剪辑的，应该没有问题，他们让我直接套底片。Chris Rowell嘱咐我说："你一定要再冲洗两本拷贝，不要怕浪费钱。数码技术有时候不准，我们要用传统的方法再检查一遍。没有问题最好，万一有问题，还来得及修改，底片一剪坏就不好办了。"这对于我来说的确有些为难，因为这样一

~ 182 ~

李杨自述

来又要多花不少钱。但是我想，她是为了我好，不怕一万就怕万一。我说："好，我听你的。"我坚持让ATLAB公司冲洗了两本拷贝。Chris Rowell用传统的方法检查画面和声音，果然发现了问题。画面和声音不同步，相差了5帧。我惊出了一身冷汗。她说："你看看，如果我们不用传统方法检查，就发现不了问题，影片的口型对不上，你的同期声音就白做了。虽然多花了点钱，但是你及时挽救了影片，纠正了影片的错误。"当时的数码剪辑技术还不稳定，经常会出现问题。

元凤鸣被唐朝阳和宋金明骗到小煤窑打工，准备杀了他。他还傻呵呵地对这两位大叔感激不尽。

正是Chris Rowell的再三坚持，才使我避免了一个灾难性的错误。她的认真态度和敬业精神，让我十分敬佩。是她救了我，我深深地感激她。在她的帮助下，我们修改了问题，影片的声音和画面完全对位，严丝合缝。

修改完成之后，Chris Rowell拉着她的纯种拉布拉多招呼我和李俊上车。我们不知道怎么回事，但仍默默地上了她的大吉普车。她开车非常猛，完全不像一个大妈。不久，她带着我们来到了ATLAB后期公司。她气势汹汹地闯进总经理办公室，将他骂了一顿。她说："这些外国人为什么来我们澳大利亚做后期制作，不就是冲着我们的质量吗？人家不懂或不太明白的东西，我们有责任替他们着想。你们为什么不给他们好的建议？你看看，这不是差点儿出了大问题。你知道吗？你们这么不认真，早晚会把我们的声誉给毁了。"Chris Rowell在澳大利亚电影界很有辈分和威望，那个澳大利亚最大的电影后期公司的总经理，在她的面前只有点头称是。

ATLAB公司是一家十分专业的后期公司，他们对待客户的态度很公平，不会因为是大牌导演或者是有钱公司的电影就给配备最好的调光师，而对没有名气的导演和小公司的电影配备差一点的调光师。我非常幸运地遇到了ATLAB后期公司里最优秀的配光师Olivier Fontenay，他为我的影片《盲井》配光调色。他是我在澳大利亚遇到的第三个贵人，他的艺术感觉和配光技术非常棒，很多好莱坞的大片都是他配的光调的色。

Olivier Fontenay很有意思，他的人生也充满了传奇色彩。

李杨自述

要不要杀掉元凤鸣（中）？对他产生了舐犊之情的宋金明（右）犹豫不决。眼看这煮熟的鸭子要飞了，这引起了唐朝阳（左）的不满。

他是法国人，爱好美术，学过画画，年轻的时候是背包客，就像电影《泰坦尼克》中的杰克一样背着画夹漫游世界，一边走一边打工。找到工作就干一段时间，赚到钱之后接着旅行。他漫游到澳大利亚时干了很多种工作，其中一个工作就是给ATLAB后期公司开车送货。其间，Olivier Fontenay接触到了电影的配光调色。电影胶片刚刚冲洗出来时并不好看，但是经过调色和配光之后，就会变得很漂亮很有味道。他觉得非常神奇，本来就热爱艺术、热爱电影的他一下子就迷上这个工作。他一边开车送货，一边抽空余时间拜师学艺。他很有天赋，对色彩的感觉非常好。在他师父退休之后，Olivier Fontenay就坐上了ATLAB后期公司配光调色师的头把交椅。

一部电影的配光调色至少要配四到五次，有些大影片甚至要配十几次。每配一次都需要钱，因为我没有钱，我和李俊只能跟Olivier Fontenay坐下来谈。我们坐在咖啡室里，我介绍自己的情况，讲了《盲井》的故事，以及我希望这部电影有什么样的色调和影调，想要什么样的气氛和风格。我告诉他这是一部低成本电影。我说："我的资金很困难，我只能配两次光和调色，请你对待它如同对待自己的作品一般。"过了几天，他打来电话，并让我们去公司一趟。他将第一遍配好光的《盲井》给我们演示。其间，我详细地跟他讨论了这部影片的风格和基调，以及需要修改的地方。然后我与他握手告别，说自己要回中国了。他让我再等一段时间，看影片第二次配光调色的效果。我没有告诉他，我已经没有钱做第三次配光调色，甚至没有钱在悉尼等待配光的结果。每一部电影都有自己的命运，在这件事上我已无能为力。

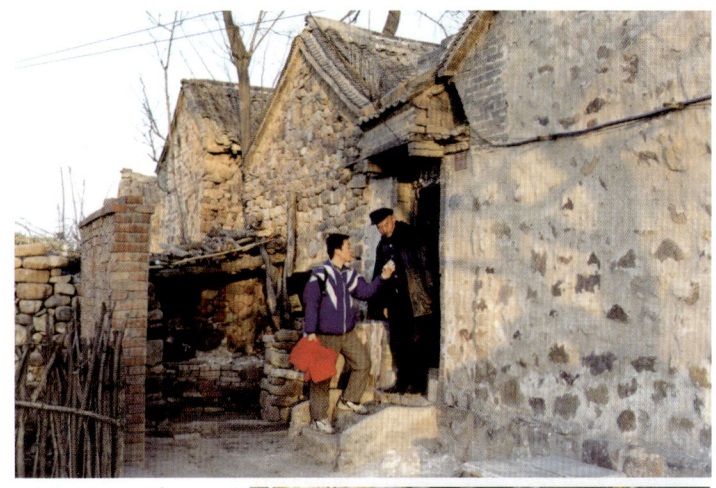

我设计的另外一个结尾：善良的元凤鸣提着宋金明和唐朝阳的骨灰盒来到他们的家，结果发现他们的身份证和地址全是假的。查无此人。元凤鸣无奈地提着两个骨灰盒离开了。他到哪里去呢？不知道。

澳大利亚的风景很美，黄金海岸那些消费高的地方我没有钱去玩儿，但是我可以进行一些便宜的自驾游项目。要不然，来了一趟什么地方都没有去过真是可惜了。其实，我还欠澳大利亚后期公司很大一笔钱，影片押在那里作为抵押。虱子多了不痒，债多人不愁。我愁也没有用，先玩儿了再说，否则，不知道还有没有机会来澳大利亚了。回国之前我和朋友一起开车玩儿了一圈，领略了澳大利亚的自然风光。

回北京后，我开始四处筹钱。正当我走投无路时，一个认识多年的老朋友找到我，愿意提供两百万支持我，条件是他作为联合出品人。真是踏破铁鞋无觅处，得来全不费工夫，我满口应承。于是我们很快就投资比例达成了协议，签了合同。我马上通知澳大利亚后期公司修改了片头字幕，把这个朋友的名字加了进去。因为我没有拍摄许可证，电影在中国肯定放映不了。唯一的出路只能是去参加国际电影节，在国外销售。当时对我来说，最重要的是能把影片卖出去，将投资收回来。我希望这部电影能够参加国际电影节，获得好的成绩，但是能不能得到认可，能不能得到奖，却是我无法左右的。谋事在人，成事在天。自己能做的事情，就努力去做；哪怕失败了，也没有关系。至少我努力过了。

有朋友向我介绍说，香港和台湾人能帮助我参加国际电影节。他们收一万五到两万美金的费用，就可以帮助我在国际电影节上获奖。我很疑惑：难道国际电影节评定奖项也要凭着关系和金钱？这样买到的奖还有什么含金量？这恐怕是一些人在忽悠不了解情况的中国大陆电影人，从中牟利吧。其实，所有国际电影节的信息、邮箱、地址都是公开的，一查都可以查

2002年，《盲井》在澳大利亚制作后期时，我忙里偷闲和朋友一起自驾游。

到。谁都可以申请，只要能把材料送到。每个国际电影节都有各自的选片标准，只要电影够水平，符合选片标准，电影就可以获得入场券。至于能不能获奖，那是由评委们说了算，并不是谁花了钱、找了关系，谁就能买通评委获奖。在德国十多年的生活经验告诉我，香港和台湾的所谓的中介公司根本不可能有能力操纵国际电影节。我脑子里闪现的第一个电影节就是柏林国际电影节。在德国留学期间，我曾经为柏林国际电影节做过志愿者，对柏林电影节有一定的了解。于是我背着《盲井》的录像带飞到柏林，把它交给柏林国际电影节的选片委员会。我顺便拜访了在柏林的一些老朋友，然后就飞回北京。当时我并没有觉得自己的影片能入围主竞赛单元，只是去试一试，也没怎么上心。我想着，反正世界上有那么多的电影节，这个电影节不行，还有其他的电影节可以去参加。

而我最着急的是要赶紧把电影卖出去还清欠款，而不是得奖。我的合伙人许诺投资的两百万也一直没有兑现，合同签了两个多月，可是我连一分钱都没有见到。无奈之下，我只好与他解除合同。但是他的名字已经印在我的电影上了，而我根本没有钱再去修改一次片头。我像个傻瓜一样被这个老朋友给忽悠了。更可气的是，后来他到处说我欠了他的钱，是他投资了三百万让我拍了电影《盲井》，并且获得了成功。在不明真相的人眼里，我变成了一个忘恩负义、欠账不还的小人。而事实的真相是，《盲井》从头至尾都是我百分之百投资，影片的所有版权和著作权都属于我，至今仍然如此。

李杨自述

柏林国际电影节的邀请

2002年12月初，我正跟朋友包括我的电影销售代理孙雅丽一起在北京朝阳公园西门附近的一家餐馆吃涮羊肉。席间，我突然接到一个电话，对方说的是德语。我问："你是谁？"他说："我是柏林国际电影节的主席Dieter Kosslick。" 我非常高兴，但我不敢相信，觉得很不真实。"什么？你是柏林国际电影节的主席？"他又重复了一遍："是的，我是柏林国际电影节的主席。我们想邀请你的电影《盲井》来柏林电影节参加主竞赛单元，你愿意吗？"我说："愿意，我非常愿意。"放下电话我冲进餐馆，大声地告诉大家这个好消息。我点了一瓶白酒，与大家一起喝酒庆贺。这份高兴并没让我冲昏头脑，我叮嘱大家保守秘密，不要声张。为什么呢？因为我害怕万一要有什么变化，那就闹了乌龙了。但是我还是忍不住想与朋友们分享这个好消息。我小范围地跟几个要好的朋友提到说有可能参加柏林国际电影节，只是不敢说得万分确定。

两天之后，我接到了正式的邀请函，这才和大家好好地庆祝。我终于熬出头了。我赶紧通知澳大利亚的后期公司，让他们为电影节做拷贝。但是他们告诉我，必须先把欠款结清才行。我又陷入了痛苦。钱！钱！钱！我从哪里才能找到那么多钱。我向弟弟借了钱，换成澳大利亚元，给后期公司汇过去，但仍不够。我与他们商量，可不可以先欠着，等《盲井》在电影节上卖出去后再还给他们。得到的回答是否定的。可是柏林国际电影节的放映时间已经定了，还需要在拷贝上做出英文和德文字幕才可以参加电影节。我选择了荷兰的一家字幕公司做字幕，他们做得又好又便宜。我必须马上把影片的拷贝从澳大利亚寄到荷兰，否则就赶不上时间了。可是我不交钱，人家就不给影片放行。我四处借钱，仍然没有借到。时间一天天过去了，我一筹莫展。当我快要走投无路时，李俊慷慨相助，用信用卡支付了后期公司的所有费用，将我的影片赎了出来。我赶紧把影片寄到了荷兰。李俊在没有任何担保的情况下替我刷了几万澳币。当时我的影片还没有卖，也不知道能不能卖出去，还钱可谓遥遥无期，而他义无反顾地信任我。这件事让我特别特别感动，这等于是救了我一命。我真的非常感谢李俊。如果没有李俊这样的义举，《盲井》就不可能参加柏林国际电影节，也就不可能有现在这样的成果。

当时，录音指导王彧刚好在荷兰出差，他热心地帮忙制作字幕。荷兰的字幕公司了解到我的经济情况和放映时间后，加班加点地赶制字幕，而且没有收加班费。

在我几乎快要绝望的时候，那么多善良的人和好心的朋友们向我伸出了援助之手，是他们的慷慨无私，才使电影《盲井》和我的命运得到了改变。我永远都不会忘记那些帮助过我、给我支持的人。

李杨自述

无钱的广告与媒体公关人

我从北京飞到柏林,为了省钱,我没有托运一大卷沉沉的海报,而是随身携带。我和销售代理住了一个很小的青年旅馆,王彧从荷兰赶到柏林与我们会合。我们三个人组成了代表《盲井》剧组参加电影节的核心小分队。通常一部影片参加世界顶级电影节,需要十几二十几人的团队运作,要做市场、要销售、打广告、做公关、做媒体的宣传、找翻译等等,所有的这些事情都需要人力,都需要花钱。可是我的原则是能不花钱不雇人,就不花钱,自己干;必须花钱的地方,少花钱。我们只有三个人,摸爬滚打啥都得干,好在销售代理孙雅丽有参加国际电影节的经验,我和王彧听她的指挥。

说实话,参加柏林电影节,我根本没有指望能得奖。虽然我也想过,但也仅仅是想想罢了。我最在乎的是能不能在这里把电影卖出去,因为我必须在规定的时间之内把钱还给李俊,否则,他将面临违约责任。无论如何,我不能坑了朋友。

酒香也怕巷子深。要卖片子就必须打广告,可是钱从哪里出?不在电影节会刊上打广告,就没有人知道,谁会来买片?我发愁,头疼。我买了一些啤酒和火腿肠,晚上在房间里借酒消愁。王彧试图找一点儿轻松的话题转移我的注意力,我有一搭没一搭地应着,脑子里想的全是从哪里弄到钱做广告。看着地上躺着的一大包海报和宣传册哭笑不得,我费劲地把它们弄到柏林，可是没地方贴广告，没地方发放宣传册。电影节的官方广告牌非常贵，我根本租不起，而且也早被那些大电影公司承包了。街道的墙上是绝对不能贴的，因为所有的建筑物和墙面都是私人财产，未经许可在上面贴广告是违法的。怎么办呢？难道我要把这些花了不少钱精心设计和印刷的海报统统扔到垃圾箱里去？"垃圾箱"这个词突然让我有了主意。在电影节主要场馆外有一条大道，我们把海报贴在道路两旁的大树上，这样既可以让人看见，又一分钱不花，只是有点儿丢人。在德国生活多年的经验告诉我，在德国各种各样的私人小广告会贴到树上，比如说猫丢了狗丢了，或者是找个工作找个房子什么的。因为道路两旁的树是国家的。广告贴在树上，国家机关一般都不会搭理，顶多警告一下。贴了，扫垃圾的环卫工人会撕掉，也只是给他们找了些麻烦而已。找到办法后，我高兴地和王彧把啤酒干了，立刻上床睡觉。

第二天一早，我去超市买了透明胶带、文具刀。我俩拿着《盲井》的电影海报，到柏林电影节主会场，在必经之路的道路两旁，把海报缠在了比较粗的树干上。结果上午刚贴好，下午一看，又没了，都被环卫工人撕掉了。我对王彧说："明天我来观察环卫工人几点扫马路，等他们扫完大街后，我们再开始贴。"2003年2月初，柏林非常冷，但我一点也感觉不到，我的亢奋状态使我浑身冒着热气。

或许只有像我这样的中国人才会想出这样的鬼点子，占人家国家的便宜。我和王彧等环卫工人扫完街后，跟在他们后面贴海报。这样等他们下午来清除时，我们的海报贴在树上最少有大半天时间。因为每天都有粘贴广告，王彧精疲力尽，天

又很冷，他这个内蒙古汉子有些扛不住了，我倒是兴奋不已。王彧抗议说："导演，咱们能不能吃点好的？太冷了，我实在扛不住了。"其实，我们原来吃的东西也不是没有肉，但经常是快餐，肯德基、麦当劳、土耳其的肉夹馍，这种食品吃几次就腻了。我带着他进了一家饭馆，给他要了一份牛排。我没有舍得吃牛排，而是要了一份相对便宜的意大利面。直到现在，王彧见到我还经常说，我欠他一顿好的德国餐。

录音师王彧，他就是那个和我一起在柏林寒冷的街头乱贴《盲井》海报差点冻晕的人。

王或现在是一位非常优秀的制片人和出品人，是柏林电影节获奖影片《长江图》的制片人。

我本以为外国人都比较守规矩，没有像我一样在树干上乱贴海报的。可是两天之后，《盲井》的电影海报就被其他各国的电影海报覆盖了。电影节主会场道路两旁的树穿上了花花绿绿的来自各国的电影服装。看来中国人和外国人是没有什么区别的，人性如此。对柏林的清洁工人们，我非常抱歉，是我当年让你们受累了。

乱贴海报的确有些宣传效果。在一个电影酒会上，孙雅丽向几个外国的电影人介绍我，其中一个很不屑地对我说："噢，你就是那个在树上乱贴海报的中国导演？我知道你。"当时我的脸都红了。我说："是啊，我们真的买不起广告牌。你们公司参赛的电影是哪一部？这次一定会得大奖吧？"我知道，他只是在电影节市场上卖片子的，他们的影片根本就没有进入任何电影节的单元，只是蹭红地毯而已，所以我故意这么问他。他大概感觉到我不是好欺负的中国人，赶紧借茬儿溜了。

2003年柏林国际电影节的竞赛影片依然是那么的优秀，导演们也都在国际上颇有名气，只有我是一个名不见经传的新人，而最没有希望拿到奖的就是我。不过我并没有太在意，只是想借这个机会去看全世界的好电影，见见老朋友。

《盲井》在柏林电影节正式放映的前一天，剧组的其他成员飞抵柏林。电影节组委会只给被邀请影片的导演免费提供机票和三晚的房间，其他人是一概不管的。我当时还欠着钱，根本无法承担那么多人的费用，他们来参加电影节都是自费。因为电影节会场附近的宾馆房费很贵，他们住在离会场很远的便宜宾馆，来参加电影节的活动很不方便。为了给大家省钱，我拉下面子和孙雅丽一起跑去找柏林电影节组委会的人哭穷。告诉他们，我们的拍摄有多么辛苦，为了拍这部电影我借了多少钱，而现在我没有钱为剧组的人付宾馆费用，请求他们给我们剧组的人也提供三天的免费房间。也许是我们的真诚和窘迫打动了他们，他们提供了房间，让剧组成员都免费住三天五星级饭店。这也算是我对剧组同仁们的一点点回报。

据我所知，全世界没有一家电影公司会在参加著名的国际电影节时带着制片主任走红地毯，但我邀请了制片主任高华，这是她应该得到的荣誉和奖赏。虽然我还欠着钱，但是该感谢的人我还是要感谢。高华是我们剧组成员中唯一一个由我付钱到柏林参加电影节和到欧洲旅游的。在我拍片最困难的时候，在剧组面临解散不能继续拍摄的时候，她挺身而出，一分钱不要，帮着我重新组建团队，协助我将《盲井》拍完。所以我一定要请高华来参加柏林电影节，以此表示对她的感谢。这不是钱的问题，人与人之间的友谊也不是可以用钱来衡量的。我觉得，凡是帮助过我的人，我一定要铭记在心，一定要想办法去感谢。

《盲井》的拷贝终于在放映前半天从荷兰运到柏林。因为每个参赛单元和参加展览的影片的画幅声音等等的规格不尽相同，柏林电影节需要对影片进行技术检查，以确保放映时不出问题。因为我们的影片到得晚，所以安排在凌晨三点钟做技术鉴定。鉴定时需要我们的人在场，确认签字。王或比较心疼我，说："导演，你睡吧。因为明天咱们的片子在柏林电影节首映，你得去。今晚你好好休息，我去参加技术鉴定。"他这番话让我非常感动。一个人靠不靠谱、够不够朋友不是听他平时怎么说，而是看他关键时刻怎么做。影片技术鉴定的事情我全权交给了他。王彧离开宾馆后，我一个人躺在床上辗转反侧。明天是《盲井》的全球首映，处女秀。《盲井》从一年前购买小说改编权开始，经历了多少风风雨雨，到现在终于要面世了。对于我来说，这不仅仅是一部电影，而是我交给自己的一份答卷，一份做了二十年考试的答卷。放映的效果会怎么样呢？观众、批评家和评委们会怎么打分？他们会喜欢吗？

　　第二天上午十点，我悄悄溜进电影院，坐在最后一排。这一场会有许多记者、影评人和电影发行公司的人观看，他们虽然左右不了评委的决定和判断，但是他们的评论和打分是非常重要的。我心里忐忑不安，不是担心他们对我电影的评价，而是因为在此之前我根本就没有看过《盲井》的完成片，电影最后做成什么样子，在大银幕上画面和声音到底是什么样的效果，我完全不知道。我当时的心情就好像要去见委托给别人照顾了几年的女儿，她现在是什么模样？穿什么样的衣服？漂亮不漂亮？可爱不可爱？我都不知道。我坐在那里有点儿激动又紧张不安地期待着这一刻的到来。电影院的灯光暗了下去，这时候我才第一次完整地看到自己的影片。整部影片的影调和色彩都非常棒，完全是我想要的电影效果。配光师Olivier Fontenay后来告诉我，当他听说《盲井》入围柏林国际电影节竞赛单元时，非常高兴。他又按照自己的感觉，私下里给我的电影多配了一次光，而且没有收钱。影片结束了，电影院里响起了掌声。我百感交集,喜极而泣,泪流满面地从电影院逃出来。我钻进了一条僻静的小路,任由泪水流下来。从2001年到2003年,为了做这部电影,我遇到了许多意想不到的困难,所有的艰辛,所有的苦难,我都挺过来了。这一刻,我的梦圆了,我完成了自己二十年的一个心愿,一个二十年的梦想。一个人能做自己梦想做的事情,喜欢做的事情,而且把它做成了做完了,这是最开心最幸福的。我默默地对我的父亲和母亲说:爸爸妈妈,我没有让你们失望。我做到了,你们的儿子做到了。

我这一路上走来,虽然遭遇了许多困难和磨难,但十分幸运的是,我遇到了那么多的贵人。我由衷地感谢我的家人和我的朋友们,没有你们的帮助和支持,我不可能走到今天这一步。

柏林电影节有上千部电影放映,因为电影太多了,写评论的人和记者根本不可能看完所有电影。我不认识影评人和媒体,所以需要一个媒体公关帮我们联系,去说服他们来看我的电影。这个公关必须是懂电影的,同时与各个媒体记者以及影评人有良好的关系。他会根据我的电影内容、风格和品位,去找某一类的记者和影评人来看电影,写文章。这些人是不用付钱的,他们写不写评论,喜欢不喜欢《盲井》完全要靠电影本身,而不是靠花钱买通。我觉得,能花钱买通的影评人和记者的文章是一钱不值的,做擦屁股纸都嫌硬。我也不会去花这种钱。

我们找的媒体公关是一个法国人,叫理查德,三十多岁,在这个行业已经好多年了,非常有经验,与记者和影评人也有很好的关系。他很友善,带了一个助理和一条黑色的狗。因为

一意孤行

电影《盲井》的海报。

他能干，价码也很高。我对他的印象不错，想聘用他。我对他说："我很想雇用你，但是又没有那么多的钱。我只能付你一半的价钱。你看这样行不行，你把工作量减半，少安排点媒体记者和影评人来看片也没有关系，反正我们也是一部小片子，只要安排几个重要的媒体来采访就好了。"他听我说了我们这部电影的艰难情况之后，真的只收了一半价。他说："记者写不写、媒体能不能有宣传和报道，我不一定能保证。但是我保证可以请一些重要的媒体人过来看电影。至于他们愿意不愿意写，他们自己说了算。"

他们都是很讲信誉的，不会像我们国家的有些公关，答应得好，说好要请的人根本没请来。我们做了一个媒体放映专场，他邀请了许多记者，安排了很多的采访，并没有因为收了半价就在工作上打折扣。当然也有一些记者和影评人是不请自来的，比我们原来估计的人数要多得多。我很感谢他，他说："不用谢。我喜欢你的电影。"记者和买家专场放映之后，评论出来了。虽然各种各样的评论都有，但是整体上大家的评论还是不错的。因为在国外这些评论不是花钱可以买的，不是可以运作的，是货真价实的东西，有这样的评论对于影片的销售会有很大的帮助。

很多电影公司会组织大Party，邀请明星、影评人、记者和

一意孤行

李杨自述

2003年2月,我完全没有想到《盲井》会被柏林国际电影节邀请参加竞赛单元。那时候我一直感觉自己飘在云里。即使站在红地毯上,我仍然不敢相信是真的。

发行公司的人参加。其间有一件事让我至今难忘。有一个较大的中国电影公司,带了三十多人的队伍来参加电影节,他们也许有名有钱,派头很大。他们要办一个大Party,为他们的电影宣传造势。他们请的德国翻译刚好是我的一个朋友,那是个单纯的大男孩,他的中文很好。他问那个大导演:"有一个中国电影导演李杨,他的电影也参加了电影节的主竞赛,我能不能请他们几个人来你们的Party?"导演说:"李杨是谁?没听说过。"说完转身就走。我的朋友后来有些不解地问我:"你们都是中国电影导演,我就想让你去参加Party,可以互相交流认识一下。你跟他是不是有什么矛盾?"我笑了笑说:"能有什么矛盾?我知道他,他不知道我。我只是个无名小卒而已。"他较真地问:"那为什么呢?"我说:"看来你还需要好好学习中国文化。走,到酒吧喝酒去。"那个同行曾经是我敬重的前辈,半年前我们还在一起聊过天。贵人多忘事,他不记得一个无名之辈也是正常的。

柏林国际电影节和国外的一些大电影节为什么含金量高,最重要的就是两个字"公平"。不管是什么大明星,也不看公司多么有钱;不管导演是什么文化背景,不看来自什么国家、是不是大师,最重要的就是拿作品说话。我觉得,正是因为柏林国际电影节做到了这一点，才使他们成为世界上含金量最高的三大国际电影节之一。而且柏林电影节聘请的评委们来自世界各个国家，他们完全独立地评选电影，电影节根本不能干涉评委的工作，就连电影节的主席也不行，因为这是违背公平原则的事情。

获奖了

《盲井》在柏林电影节的放映活动结束了，剧组的其他人都去了法国旅游，我也准备打道回国。虽然我心里有一些期盼，期盼自己能得奖，但是跟别人比，我只是一个新人，肯定没戏。

电影节组委会挽留我们多住几天，参加电影节闭幕颁奖典礼。孙雅丽说："导演，有戏。"我说："有什么戏？不可能。离电影节闭幕还有三四天，还有好几部电影没有放映。"我们作为嘉宾留下来参加柏林电影节颁奖典礼意味着可能得奖，也有可能不得奖，不到最后一天，谁也不知道结果。管他呢，想那么多也没有用，反正能参加柏林电影节颁奖典礼就好。

这次电影节组委会的邀请，勾起我好多年前一段尴尬不堪的回忆。我曾经参加过一次柏林电影节颁奖晚会，不过那一次不是被邀请去的，而是混进去的。这是我的一件糗事。我当时在柏林电影节做志愿者，根本没有资格参加电影节的颁奖晚为了支持我参加柏林电影节，母亲赞助我的晚礼服。

会。当时我特别想参加这样的电影盛会，近距离接触那些大明星、大导演。虽然我白天陪着参加电影节的中国导演到处参观，但是他们也无法帮我拿到一张颁奖晚会邀请函。我实在是太想进去看看了。颁奖典礼那天，我换上了自己最好的西装，打好领带，穿上大衣，把自己打扮得像电影代表团的成员一样。我来到颁奖晚会会场的大门外，在红地毯边上四处转悠，希望碰到中国电影代表团的人，香港和台湾的也行。我想问问他们，有没有多余的邀请函。但是当他们走到我面前的时候，

一意孤行

我在柏林国际电影节拍摄的官方照片上签字留念。非常可惜的是，这幅照片我没有得到。

我又拉不下面子开口。眼看着各位嘉宾鱼贯而入，美女们丝毫不惧柏林冬天的寒冷，穿着各种晚礼服走上红地毯，一边作秀一边走进大门，我心里痒痒的。几个工作人员在入口处有礼貌地检查嘉宾的邀请函。我看见一个嘉宾把邀请函外的信封扔进路边的垃圾箱，就赶紧过去捡了起来。看着手中的邀请函封套，一个疯狂的想法在我的脑子里冒了出来：我要混进去看看。其实，这并不是我第一次干这种事情。20世纪80年代初在北京我就曾经多次混入电影院观看外国参考电影。我找了一张电影宣传的明信片，把它折成邀请函的大小，塞进封套里。我捏了捏，硬硬的，感觉里面有邀请函。走到红地毯紧靠门口的地方仔细观察，我发现有两道检查关口。第一道检查关口在路边，红地毯起始处，工作人员并不要求打开邀请函，许多人只举了一下封套；第二道关在大门口，要看邀请函，但是检查邀请函的工作人员不多，嘉宾人多的时候他们就有点手忙脚乱。我走到红地毯的入口处，假装等人一样，等待时机。不久，有五六个嘉宾有说有笑地向我走过来，我深深地吸了一口气，镇定地迎了上去，跟在他们后面。快到第一个检查关口的时候，我心跳加速，手心直冒汗。我硬着头皮走过去，心想，万一被抓住了，也不会把我怎么样，只不过多了一个极端的电影粉丝而已。我和旁边的嘉宾搭讪，好像我们很熟的样子，同时从大衣口袋里掏出邀请函封套在工作人员面前潇洒地晃了一下，然后跟旁边的人继续聊天，第一个关口就这样混过去了。到大门口第二个检查口时，我插在他们人群之间，当时门口站了十几个嘉宾等待检查，工作人员来不及一一打开，我走上去微笑地说了声："晚上好！"把邀请函封套递到他手里。趁着他还没有打开封套，我迅速走进去，拐到一边立刻把大衣脱掉，放在墙边，返身走到人群中，从服务生的托盘上拿起一杯香槟酒喝了一大口。只见那位工作人员从门口快速冲了过来，我迅速转身和一个女嘉宾打招呼。"你好，干杯！你是演员吗？哪个国家的？"说这些话的时候我紧张得心都快要跳出来了。而那个工作人员在一边骂"狗屎！混蛋！"，一边从我身后快速走进去，找那个混入颁奖晚会的穿着大衣的亚洲人。我当时已经想好了，万一我被抓住，我一定不承认自己是中国人，绝不给我的伟大祖国丢脸，要说也得说自己是邻近哪个国家的人。我躲进人群中，偷偷观察着，直到看见那位工作人员骂骂咧咧地走出去，我才放心了。我捡起大衣，存到衣帽间，然后假装是被邀请的嘉宾到处转悠。我端着香槟酒杯站在那里，看着那些世界上有名的电影人，那些以前只在银幕上才见到过的大明星，心想，将来我一定要作为一个真正的嘉宾，作为一个电影导演，参加这样的国际电影节，参加这样的盛典。

现在想起那时的场景，就像间谍影片一样的惊心动魄。这是我做过的最荒唐的事之一，也是我唯一的一次蹭走国际电影节红

地毯，混入颁奖晚会。打那时候起，我再也没有蹭走过任何一个电影节或者活动的红地毯，那丑陋的虚荣心和好奇心让我一直无地自容。没有正式邀请，我绝对不会参加那些活动。而我万万没有想到的是，经过自己多年的努力奋斗，当年疯狂的、奢侈的梦想竟然实现了，而且还是在同一个地方，我被正式邀请参加柏林国际电影节的颁奖典礼。柏林，我爱你！你是我的福地，实现我梦想的地方！

颁奖典礼的那一天，我们都是盛装。两

（左）我和柏林国际电影节主席迪特·科斯里克（Dieter Kosslick）在电影节开幕式上。

（右）柏林国际电影节的庆功酒会上，我见到了最喜欢的德国导演之一维姆·文德斯。我告诉他，当初在北京看了他的电影，就喜欢上了新德国电影。他鼓励我要继续拍好的电影。

一意孤行

（左上）在发表感言的时候，我首先感谢我的父母亲，感谢我的家人和团队成员的大力支持。我几次差点儿落泪，硬忍了回去。

（右上、下）我万万没有想到，自己的处女作《盲井》居然在第53届柏林国际电影节获得了最佳艺术贡献银熊奖。其实当时我最最想获得的是最佳处女作奖。因为它有很多奖金，可以解我燃眉之急。可惜的是，最佳处女作奖在那一年被取消了。

辆专车把我们从宾馆接到电影节闭幕式的主会场。听到喇叭里传出《盲井》李杨的声音，我和我的同伴们走上红地毯。那是庄严的红地毯，幸运的红地毯。两边的各国记者大呼小叫地抢着拍照，我边走边向他们招手示意。柏林电影节的主席Dieter Kosslick站在大门口迎接我们。这是我第一次正式参加国际电影节的颁奖典礼，这里灯火辉煌，世界各国的大明星和我特别欣赏的导演们都在场，这是一场顶级的电影盛会。

入围主竞赛单元的影片的导演都有一帧巨幅照片挂在会场。一个国家能尊重艺术家，能尊重艺术，说明这个国家的文化品位，说明这个国家的国民的素养，也说明这个国家对艺术的态度。我虽然来自中国，名不见经传，但是我的照片依然和那些大明星并排着挂在那里。我突然觉得自己作为一个电影艺术家，在这里是被人尊重的，我为自己选择的职业感到特别的骄傲和自豪，自己坚持了那么多年的梦想，坚持对了。如果半途而废，如果没有顶住各种各样的压力，我无法想象那将会是什么样的生活。

颁奖典礼开始了。我们坐在台下，看着舞台上的主持人和颁奖嘉宾开奖。一项奖、两项奖、三项奖，都没有自己的名字，我的手心直冒汗，紧张而迫切。突然，我听到颁奖嘉宾念道："最佳艺术贡献银熊奖获得者——李杨！"我的眼睛一下子就湿润了。在掌声和欢呼声中，我走上舞台。那一刻非常难忘，我站在那里，感觉到自己有些微微地发抖，一刹那脑子竟然空白了，不知道该说什么。开始我也准备了几句话，万一获奖了要说的话。我首先就写道，因为我的父母，我跟电影结缘，我承载的不仅仅是自己的梦想，也是我父母的梦想……但是上台的时候我完全想不起来了。我平复了一下自己激动的情绪，开始先用德语说了几句话，但是我想，虽然我在德国待了那么多年，但是毕竟我还是中国人。我用中文说："这个奖首先要感谢我的父母，但是最先感谢的是我的父亲。因为我父亲在'文化大革命'中被迫害死了，其中最重要的一条罪状就是因为他拍了几部电影。拍电影变成了他的一个罪名。而我今天因为拍电影获得了荣誉，这个银熊奖不仅仅是给我，也是给我父亲的。感谢电影节评委会，感谢我的家人的支持。感谢所有的朋友和剧组工作人员的支持。谢谢！"

我拿着银熊走下台，在后台迎接我的是我请的媒体公关理查德。他给了我一个很热烈的拥抱，然后拿了一杯香槟跟我碰杯，我们一饮而尽。后台还有几个获奖者，也走过来向我表示祝贺。台上还在继续颁奖。我端着酒杯对理查德的工作表示感谢。理查德说："不客气。《盲井》拍得真好，我非常喜欢。导演，我想告诉你一点事情，希望你能听进去。"我说："你说吧。"他说："我见到过的电影圈名人很多，也见到过很多人得奖，你这次得奖可能是必然，也可能是偶然。不管怎样都希望你不要把这个奖看得太重。我在这个行业见了太多的大起大落悲欢离合，很多人一下子被冲昏了头脑。你太在意这个奖了，就会迷失。我真的喜欢你的电影，希望你不要迷失。"这个奖在我手里还没有焐热，他就给我当头棒喝，希望我不要被胜利冲昏了头脑，不要因为获奖而迷失了方向。我紧紧地拥抱了他说："谢谢你在这个时候提醒我。我记住了。"一仰头又和他干了一杯酒。他说："这只是一个奖而已。你是有才华的人,好好去做你的电影,继续做下去。"虽然他才三十多岁,但是他已经在电影界摸爬滚打了好多年。他能这么真诚地对待我,告诫我,让我特别感动。他的话,让我一下子有所警惕:一定不要那么在意表面的荣耀,最重要的是做出好的作品。我拿了两杯香槟酒,递给他一杯。我说:"理查德,谢谢你的这番话!谢谢你的工作!你知道,因为没有那么多钱,所以我不能像别的大公司那样给你很多钱。你能送给我这番话,交你这个朋友就值了。来,干杯。"这时候我最喜欢的德国导演维姆·文德斯走过来跟我握手,表示祝贺。我说:"非常感谢!你知道吗?当年正是因为看了你的电影,看了法斯宾德和施伦多夫等人的电影,我才下决心要到德国学习电影。我这杯酒敬你,感谢你。"

那天晚上有很多人纷纷来祝贺。我在柏林的朋友,听说我在柏林得奖了,也打电话表示祝贺。因为电影节闭幕酒会我们团队的其他人都不能进,我们就又找了地方,约了我的团队和朋友们一起庆祝。那天晚上我特别开心。我给大家鞠了一躬,感谢大家的支持。感谢《盲井》所有的工作人员,是大家让我圆了梦。很少喝醉的我,那天喝高了。我们工作这么艰苦,一部很低成本的电影竟然得到了这么一个圆满的结果,这是每个人都没有想到的,连我自己都没有想到。但是,这是我们大家期望得到的结果。我们成功了!

《盲井》获奖之后,销售得也很不错,全世界有三十多个国家购买了《盲井》的版权,《盲井》可以说是为数不多的既赚钱又得奖的独立电影或者叫艺术片。收到定金之后,我立刻把李俊的钱还上了,感谢他对我无私的支持和帮助。

从一个懵懵懂懂的梦想，一个两岁时的记忆，到四十三岁的时候我圆了自己多年追求的电影梦。这是执着坚持自己的理想和信念，矢志不渝艰苦奋斗的结果。能得到这样一个十分圆满的结局，是我完全没有意想到的。这一切应该感谢我的父母、我的家人和所有一路上对我帮助、呵护和支持的人。每个人都有自己的梦想，都应该坚持自己的梦想，继而完成自己的梦想，这样的生活才是快乐的幸福的。当然并不是每一个人都可以实现自己的梦想，但只要他去尝试过、追求过自己的梦想，就不会留有遗憾。我是少数比较幸运的人，靠努力拼搏实现了自己的梦想。

获奖之后，各国媒体对我进行采访。对我这样一个新人来说，确确实实像坐过山车一样。从一个名不见经传的人，一下子变成了柏林国际电影节最佳艺术贡献奖的获得者。这是非常高的奖项，也是很多年不颁的奖项。我一直处在很高的关注度中，被全世界所关注。通过这部电影，人们不仅关注我的电影本身，也关注中国的现状以及中国煤矿工人的生存状况。

几多欢喜几多愁

我抱着银熊兴奋地飞回北京。北京除了几家媒体不多的报道外，没有任何关注。北京很冷，刺骨的寒风吹得人透心凉。我的大学同学李明召集了二十几个大学同学和好朋友，在北土城附近的一个火锅店里包了三桌，给我接风庆功。这个热热乎乎的火锅欢迎晚宴让我感到了浓浓的同学情谊。此刻，在这个寒冷的北京城里，我的心里是暖暖的。李明是小马奔腾文化传媒的董事长，我们是北京广播学院同一届的同学。我是导演班的，他是摄影班的，关系很不错。他的事业做得很好，广告、拍电影和电视剧，都做得风生水起。非常可惜的是，我们还没有来得及合作，他就去世了。

拍摄《盲井》，我是希望通过故事来揭露和批判人性中的黑暗，彰显人性中的光芒。在这一点上，我并不认可有些人加给我的那顶帽子，认为我是以揭露中国的阴暗面来博取西方的奖项。我想西方人也并不傻，电影就是电影，艺术就是艺术，政治就是政治，他们分得很清楚。是不是好电影，柏林电影节的主席已经说得很清楚了。他说："与描写古老中国和现代中国的电影相比，电影《盲井》就像是对中国第三维度的展现，三者共同将观众眼中的中国立体化了。《盲井》从制作上本身是很好的一部片子，它得到的银熊是最佳艺术贡献奖，而不是政治成就奖。李杨在德国生活了十四年，完全是自己筹集资金做的这部电影，我觉得这个人投入的勇气值得肯定。"

有一次，一个记者问我："李导，是不是因为你拍了《盲井》，给坏人提供了教材，中国才发生了很多类似的案件？"我说："太笑话了。《盲井》在中国根本都没有公开发行，会有杀人犯们去买《盲井》的盗版DVD，通过《盲井》学习犯罪技巧吗？照你这么说，中央电视台法制栏目岂不成为犯罪技巧大学了。"

我是一个理想主义者，一个爱国者。我希望这个国家好，希望这个社会好，希望这个社会变得更公正、更安全、更自由。人与人之间的关系变得更有爱心，更真诚，而不是尔虞我诈，为了金钱谋财害命。我拍《盲井》的时候，一直觉得自己是在为这个社会、为这个国家做好事。我认为自己没有做错什么事情，也没有做对不起良心的事情。我一直相信中国会越来越开放，国家的政策和一些领导干部的思想也会逐步变化。三年后，也就是2006年时，我终于被批准拍片子了。我拍摄了另外一部电影《盲山》。

人心不可测，每个人心中都有"盲井"。有一次，我刚从国外参加电影节回来，接到一封律师函。一位演员控告我侵犯了他的肖像权，说我未经他许可擅自剪辑电影，使用他的肖像并且在海外销售，他要求跟我分钱。我当时哭笑不得。前一阵他还要求跟我去国外参加电影节，怎么马上就翻脸不认人了呢？我发现人心的贪婪和人性的恶真是无所不在，这不是敲诈勒索吗？太他妈恶心了。我立刻给他打电话。我说："你想要告我，欢迎你去告；想要钱，没门。你自己看着办吧！"说完我就挂了电话。我的电影又获奖又赚钱，他眼红才会做出这样的事情。要知道，我花钱请演员演电影，就是购买了他们的肖像权。我已经给这个演员付完劳务费，履行完合约了。当初我又没有拿枪、拿刀子逼着他来演我的电影，他是自愿来拍的。况且我是出品人，电影所有的版权都属于我，我当然有权利使用他的肖像和销售电影。我不得不感叹，真是人怕出名猪怕壮。当我默默无名的时候根本没有人搭理，一旦有了名气，各种莫名其妙的麻烦就会找上门来。一个人对别人友善，并不一定能得到善的回报。我倒从来没有想过要别人对我报恩，但是至少不能给出去的是善，得到的是恶吧。然而遗憾的是，现实生活往往如此。这件事情最后不了了之。那个演员最后跟我道了歉，说自己当时是鬼迷心窍了。

拿了美国国际电影节最佳故事片大奖

在柏林国际电影节获得银熊奖之后，我陆续收到了几十个国际电影节的邀请，并且获得了几十个国际电影节的大奖。我周游列国，与各国优秀的电影艺术家交流切磋，了解当地的历史和文化，在这期间遇到了许多有意思的事情。其中，参加美国翠贝卡（Tribeca）国际电影节给我留下了深刻的印象。Tribeca国际电影节是在"911事件"之后，美国大明星罗伯特·德尼罗等人为了鼓舞美国人民的士气，为了让全世界看到美国人、纽约人没有被恐怖分子吓倒，推动发起的一个国际电影节。他们要办的不是一个以美国为主的国际电影节，而是一个真正的国际电影节，邀请全世界各种肤色、各个种族、各种信仰、各种文化的电影人来到纽约。美国的奥斯卡不是国际电影，是英语电影节。只是因为美国电影和好莱坞明星影响很强大，所以奥斯卡变成了全世界瞩目的电影节。

2003年4月初，我飞到纽约。电影节的工作人员把我从飞机场接到宾馆。我进入宾馆房间后，打开窗帘，一下子愣住了。映入我眼帘的就是世贸大厦的遗址大坑，离我只有一条马路的距离。"911"刚刚过去不久，看着那两个像伤疤一样的大洞，我眼前不断闪现那些悲惨的电视报道画面，心里感到

在纽约的翠贝卡国际电影节上,《盲井》获得最佳故事片大奖。著名好莱坞影星凯文·史派西对我表示祝贺,他同时也为我解除了尴尬的局面。

十分难受。在马路对面,人们络绎不绝地前来参观吊唁,在那里放花,哭泣,祈祷,沉思,表达对逝者的哀悼。我不忍再看眼前的一幕,立刻关上窗帘。

幸亏这时候《盲井》的字幕翻译刘战(Jonathen Noble)开车来到宾馆,把我接到唐人街,一群朋友为我接风。大家开开心心地吃了顿饭。我的心情才阴转为晴。

几天后,《盲井》获得了美国翠贝卡国

际电影节的最佳故事片大奖。颁奖典礼上，我非常喜欢的美国黑人女演员乌比·戈德堡给我颁奖。

在电影节闭幕酒会上，人们纷纷过来对我表示祝贺。我正在跟人交谈时，一个美国导演走过来故意撞了我一下，我杯子里的酒和盘子里的东西都洒在了衣服和地上，当时的场面非常尴尬。他嘟嘟囔囔地骂我，说我不应该得这个奖，说这是美国电影节，得奖的应该是美国人。他有点醉了，说完便摇摇晃晃地走开了。

这个美国导演拍了一部关于"911"的故事片，他信心满满地认为自己可以拿到大奖，但是却颗粒无收。他是故意要当众跟我叫板，给我难堪。我一下子就火了，不管在哪里，面对欺负，我绝对不会示弱。就在我追过去指责他时，著名影星凯文·史派西（电影《美国丽人》的主演）主动过来给我敬酒。他跟我碰了碰杯说，你不用理睬这种垃圾。凯文·史派西的话让我感到温暖，化解了我们的危机。在美国，一些人确实有白人优先的种族主义思想，但是大部分人是善良的。罗伯特·德尼罗等人之所以特地要选择在这个地方举办国际电影节，正是为了展示美国人的宽容和善良的一面，展现美国人博爱的精神。国际电影节是展现各个国家、各个种族、各种文化和传统的平台，是一个电影人相互交流沟通的场所。宽容和包容的精神正是世界各国举办电影节的主旨之一。

第二天早上准备离开宾馆的时候，我去马路对面的世贸大楼遗址吊唁死者，给他们献了花。虽然我不认识那些死者，但是我们都是人，都活在同一个地球上，都是地球村的村民。站在那里，我想，世贸大厦是人类的一个奇迹，人们用智慧建

一意孤行

（上）在阿根廷布宜诺斯艾利斯国际电影节上，《盲井》获得了最佳摄影奖和最佳影评人大奖。

（下）在荷兰海洋电影节上，《盲井》获得最佳影片奖。著名导演史蒂芬·戴德利（Stephen Daldry）（左，电影《时时刻刻》的导演）为我颁奖。我非常喜欢他的电影。

起两个双子塔，这是纽约的象征，也是美国的象征，又何尝不是我们人类智慧的象征？可是毁掉它的，同样是用了人类的智慧和技术。建它们的是人，毁它们的也是人，都是用了科学技术，而且非常精确。人类的知识、人类的智慧，如果用在好的方面，可以创造美好的世界；如果用在坏的方面，可以毁坏美丽的地球。人类应该把人性中的恶遏制住，让人性中的善更好地发挥出来。人类需要的是更多的宽容和爱，而不是嫉妒和仇恨。只有放下仇恨，才有可能和解。在"911"的遗址前，我原谅了那个美国导演和那些恶意诽谤我、欺骗我、打击我、给我和我的影片制造麻烦的人。我放下心中的愤懑，选择了宽恕。人无完人，我亦如此。

我拿着奖杯登上从纽约飞往北京的飞机。从西往东飞，这与我十六年前追求电影梦想从东往西飞正好形成了一个圆圈，好像画了一个巨大的句号。望着窗外浩瀚的星空我思绪万千。从1983年想做电影导演开始，我用了整整二十年追求自己的梦想。在这二十年里，我也曾经想放弃，不想再打拼了。不是我害怕吃苦，而是感到迷茫，不知道前途在哪里，看不见希望。但是每当夜深人静时，那个从儿时起就埋在心底的梦想就会蹦

一意孤行

　　2004年在曼谷国际电影节上《盲井》获得了最佳男演员奖。颁奖结束后，诗琳通公主接见了所有获奖者，并且合影留念。拍照前出现了一个小插曲。她的随从要求我们接见时不能背对公主，要退着离开。这样也就罢了。他们还要求我们必须半跪着或者蹲在公主两旁与坐在皇家椅子上的高高在上的公主合影。随从说，按照泰国的规矩，我们不能和公主平起平坐。我（左二）当时就拒绝了。我尊重你们的皇权，但是反对不平等。著名导演奥利弗·斯通（左四）和著名摄影师杜可风（左三）跟我的想法一致，要么平起平坐，要么不拍合影。在我们的坚持下，泰国公主最后与我们平等地站在一起合了影。公主看上去倒是挺随和的，但是其随从（后排）却一直十分愤怒地瞪着我。

李杨自述

出来，始终挥之不去。我想到拳王阿里的一段话："不要轻言放弃，所有的苦难，都是为了让你在将来成为王者。"人一定要有梦想，有了梦想，才会有希望、有奋斗的方向。

　　感谢上苍，感谢我的父母和兄弟们，感谢所有帮助过我的人。感谢父母对我的谆谆教诲，他们一直在告诫我，做事情必须善始善终。不管做什么，都要坚持做完。哪怕最后结果是不成功的，也不能半途而废。同时感谢那些打击我、诽谤我、给我制造了很多麻烦的人，因为有你们，我必须加倍努力拼搏。我并不是一个完人，身上也有很多的缺点。本书提到了很多事情及相关人员，你们可能会因此不高兴。在这里我并不是想要去责怪你们。我只是就事论事，把那一段历史真实地记录下来。想让大家去看看，当年的中国独立电影是怎样诞生的，一个电影人的梦想是如何实现的。现在的中国变化非常之大，发展非常之快。特别是中国的电影事业在迅猛发展。像我过去这种拍电影的情况，恐怕不会再现了。那个时代已经过去。《盲井》仅仅是我的第一步，我的电影事业才刚刚开始，因为我还有许多许多的梦想。

（左上）他乡遇故知，不亦乐乎。在台湾参加金马电影节的时候，巧遇我在德国电影学院的同班同学，德国著名编剧贝恩德·里希坦伯格（电影《再见列宁》的编剧）。

　　（左中）我和王宝强（左）、安静（右）在金马电影节上非常开心。他们两个都是第一次拍电影，第一次参加电影节。

　　（左下）在金马电影节上《盲井》获得了最佳影片提名奖，最佳改编剧本奖和最佳新演员奖。

　　（右）我和王宝强向媒体展示获奖证书。王宝强第一次演电影就获奖，我由衷地为他高兴。